的なことではなく、新たな産業革命としての「デジタルトランスフォーメーション」の潮流があるからです。日本社会は、生産者と消費者が直結するインターネット型産業構造に変化すべきところを、多くの産業分野において、旧態依然としたピラミッド型多重下請構造をさまざまな規制によって保護してきたわけです。

しかし、結果的に多くの産業が衰退してしまいました。

そこで、海外に逃げられる日本企業と異なり、税収が伸びないことから、日本政府こそが待ったなしの状況となり、最近になって、首相官邸は、岩盤規制の改革を打ち出しました。もはや政府の方針は、規制維持ではなくなってきています。規制維持を堅持しているのは、民間の業界団体と商習慣だけです。

すると何が起こるのか？　それは、外来種による日本市場の席巻です。ウーバー（Uber）、エアビーアンドビー（Airbnb）、フィンテック（FinTech）ベンチャーといった最近の流行企業を例に挙げるまでもなく、アマゾン（Amazon）は、日本の流通産業をすでに席巻しています。それは、古い体質の日本企業よりも、日本の消費者が支持しているからです。業界保護のために、ネットかリアルかの問題を議論しているうちに、アマゾンで何でも買える、しかも安く買える時代を創ったのです。

まえがき

私は、日本という国に生まれ育ち、企業経営者として、業界団体の長として、中央官庁の有識者会議のメンバーとして、大学教授として、さまざまな「産（産業界）」「学（学校）」「官（官公庁）」の連携を進めてきました。その関係で、海外、とくに10カ国の「産」「学」「官」の立場の人びととの交流があり、インターネットの登場後20年で、日本だけが負けている状況（GDP〈国内総生産〉が減少）を認識しました。

そこで、著したのが、『日本はなぜ負けるのか　インターネットが創り出す21世紀の経済力学』（2016年6月　インプレスR&D刊）でした。同書は、主として多くのインターネット業界の方々にお読みいただき、業界内では高い評価をいただいたように思えます。

そして、いま、この本を書く理由は、インターネットに続いて、「デジタルトランスフォーメーションという大きなうねり」を感じたからです。

というのは、「ITによる企業変革の必要性は、待ったなしの状況にある」という一時

The strategy of Japan Creation
"Digital Transformation"

全産業「デジタル化」時代の

日本創生戦略

藤原洋 Fujiwara Hiroshi

PHP

アマゾンが登場したとき、アメリカのコンサルティングファームの人びとは懐疑的でした。しかし、約6年後、黒字転換した途端に見方が変わりました。本格的なデジタルの時代に突入し、ITを活用した新しいサービスや企業が次々と生まれ、それらの企業を「デジタル・ディスラプター（デジタルによる破壊者）と呼ぶのだ」という人もいますが、インターネットの本質に回帰すると、真実が見えてきます。

第4次産業革命（「デジタルトランスフォーメーション革命」）は、「工業社会」を崩壊させ「生産者と消費者との関係」の「情報社会（ネットワーク社会）」への移行を加速しています。しかし、デジタルトランスフォーメーションは、インターネットの利用の新たな段階をいうのであって、インターネットに代わる次の時代を示唆しているのではありません。

本書があえてテーマとして取り上げた、「デジタルトランスフォーメーション」とは、「デジタルによる企業変革」としてではなく、産業革命史の新たなページを開く本質的な時代の変化を指しています。

というのも、ここへきて急に、私が取り組んできた、日本における具体的な「産」「学」「官」連携が進展を見せ始めたのです。さらに海外からの「産」「学」「官」連携の具体的提案が集中し、日本経済の主役を担うビジネスマンの皆さんと、具体的な日本の復活シナリオを共有する必要性を感じています。皆さんと「デジタルトランスフォーメーションという大きなうねり」について共通認識をもち、ぜひ「２０３０年ＧＤＰ１０００兆円」シナリオを具体化したいと思います。

本書では、ＡＩ（人工知能）やＩｏＴ（モノのインターネット）などのテクノロジーが、現実的に私たちの生活にどういったインパクトがあるのか、各産業はどう関わっていくべきか、インターネットの黎明期から、その「技術」とＩＴ企業の「経営」に携わってきた者の一人として述べていきたいと考えています。

そして、産業や企業にもたらす具体的な恩恵を、実例を交えながら解説していきます。

第１章では、テクノロジーの進化、第４次産業革命の本質について解説します。

第２章では、最も日本企業に有益な実利をもたらすとされるＩｏＴについて、ページを多く割いて解説します。

第３章は、ＡＩについて、具体的に「できること、できないこと」を明確にしながらご説明したいと思います。

第4章は、フィンテックです。日本ではそれほどまだ身近ではないものの、金融を一変させるのは間違いありません。企業の取り組み事例を交えながらご紹介します。

第5章は、ITを含む科学技術先進国イスラエルについて、私自身が行なってきた事業や経験を踏まえてご説明します。

また、各章の冒頭には、2030年の日本経済を予測した「未来の新聞（『日本創生新聞』）」を掲載しました。

本編で詳しく述べますが、日本はIT革命に乗り遅れたために、GDPの成長率が伸び悩み、先進国の後塵《こうじん》を拝してしまいました。しかし、形勢逆転する大チャンスはもう目の前に迫っています。それを本書で証明したいと思います。

本書を読んで、読者の方々が「本当にそうだ」と実感し、「自分たちも挑戦しよう」と思えたなら、本書の執筆は成功したといえるでしょう。

2018年8月

藤原　洋

全産業「デジタル化」時代の日本創生戦略◆もくじ

第２章　ＩｏＴがもたらす過去最大の成長
――「製造業のサービス化」でつながるビジネス

第3章　企業にとってAIは脅威か
——置き換えられない人材の条件

第4章　フィンテックと金融の未来
——日本でも続々と育ち始めた企業・サービス

第5章　「世界のイスラエル」にチャンスあり

――日本の「実装力」が活きる共創

装丁デザイン　泰 浩司(hatagram)
『日本創生新聞』レイアウト　宇梶勇気
〃　イラスト　鈴木順幸

第1章

第4次産業革命は、日本創生の大チャンス

――日本が再び世界をリードするとき

日本創生新聞

第1章

二〇三〇年　〇月▲日
◆曜日

発行人／藤原　洋

GDP1000兆円に

デジタルトランスフォーメーションが追い風

2030年はこうなる

● デジタルトランスフォーメーションが、生活や社会に大規模なインパクトをもたらす。
● 各企業で、「ピラミッド型組織」から「インターネット型（自律・分散・協調型）組織」、「供給者側の論理」から「需要者側の論理」への移行が進む。
● IoTビジネスに取り組んだ日本企業が、世界をリードする巨大企業に成長できる。

言語障壁がなくなる

日本経済の大飛躍だ。

2014年時点で4・59兆ドルだった日本のGDPは、2030年時点で、10兆ドル、日本円で1000兆円に達したことが明らかになった。

GDP増加に大きく寄与したのが、IoT（モノのインターネット）である。

IoTでは、モノがインターネットにつながるので、「言語」ではなく「数値」をやりとりする。言語の障壁がなくなるため、ものづくりの強さに定評がある日本企業には大チャンス。さらなる成長が期待できる。

Nihon Sousei Shinbun

IoTがもたらす好況

55億人とビジネスできる時代へ

冷蔵庫が自動注文

日本製の冷蔵庫に世界中から注文が殺到している。各家庭の冷蔵庫に内蔵されている半導体チップが、毎月の食品消費量を把握し、業者に食品を自動注文するといったことが可能になったからだ。これもIoTの功績といえる。

日本の研究開発費が2010年代から2倍に増え、世界標準に達したのも後押しになった。半導体チップは今後、電化製品だけでなく、自動運転車にも導入される。まさに55億人を相手にビジネスをする時代が到来したのだ。

※『日本創生新聞』は2030年に起こりうる日本の未来を報じた「未来の新聞」です

「人間はAIに敗北する」はほんとうか

——日本が世界をリードできる大チャンス

連日、メディアで取り上げられる**「AI」**[※1]や**「IoT」**[※2]などの技術革新——。それらは、私たちの社会にどのような影響を与えており、また今後、どれほどのインパクトをもたらすのでしょうか。

たとえば、米グーグルが開発した囲碁AI「アルファ碁」が人類最強棋士に勝利、中国の大手インターネット企業・テンセントの囲碁AI「Fine Art」が、トップ棋士を倒したことが話題にのぼるなど、人類に多大な脅威を与えています。

また最近では、話しかけるだけで音楽を再生したり、天気やニュースを読み上げてくれる、スマートスピーカー（AIスピーカー）が家庭に普及しつつあります。遠い未来の技術だと思われていたAIが、いつのまにか身近な存在に変わろうとしているのです。

こうした事実によって、AIに一気に注目が集まる半面、「もう人間の時代は終わった。これからはＡＩに仕事を奪われる」「将来、**シンギュラリティ**[※3]が起こり、人間はＡＩに敗北する」といったネガティブな予測も多く見受けられます。

しかし、ＡＩやＩｏＴの技術革新はけっしてネガティブに考えるものではなく、むしろ人類はよりよい方向に向かうように舵を切る、と捉えるべきではないでしょうか。

私は、こうした技術革新が日本人や日本企業が世界をリードできる可能性をもたらしてくれるだろうと、ポジティブな側面に期待しています。これからその理由を説明していきます。

その前に、技術の進化がどういった歴史を歩んできたのか、今般の第４次産業革命（デジタルトランスフォーメーション革命）までの道筋を辿っていきます。

いま起きているのは「革命」
——生活や社会を一変するインパクト

現在も指数関数的な急激な進化を続ける「技術（テクノロジー）」。近い将来、技術の進歩が、具体的にどのようなインパクトを人類に与えるのでしょうか。

その前に人類の歴史を振り返ると、これまでに三度、産業を一変させる技術革新つまり**産業革命**[※4]が起こりました。

第1次産業革命は、18世紀後半の蒸気機関による動力革命でした。

第2次産業革命は、重化学工業革命とも呼ばれ、工業が基幹産業となる「工業社会」を形成させました。その結果、「土地」を規範とした「領主と領民の関係」に基づき、農業が基幹産業であった封建社会を崩壊させ、「モノ」を規範とした「資本家と労働者の関係」を生み出し、資本主義社会が形成されました。

第3次産業革命は、近年のデジタル情報革命です。

そして、これから起こるであろう第4次産業革命は、**「デジタルトランスフォーメーション革命」**だと私は捉えています（図表1）。

デジタル情報革命が、コンピュータ産業やIT産業といったデジタル情報産業を新しく生み出したのに対して、デジタルトランスフォーメーション革命では、農業などの第1次産業から製造業などの第2次産業、サービス業などの第3次産業まで、ありとあらゆる産業がデジタル化し、産業構造が大きく変わると考えられています。つまり、デジタル技術

図表1　日本はこれまで2勝2敗？

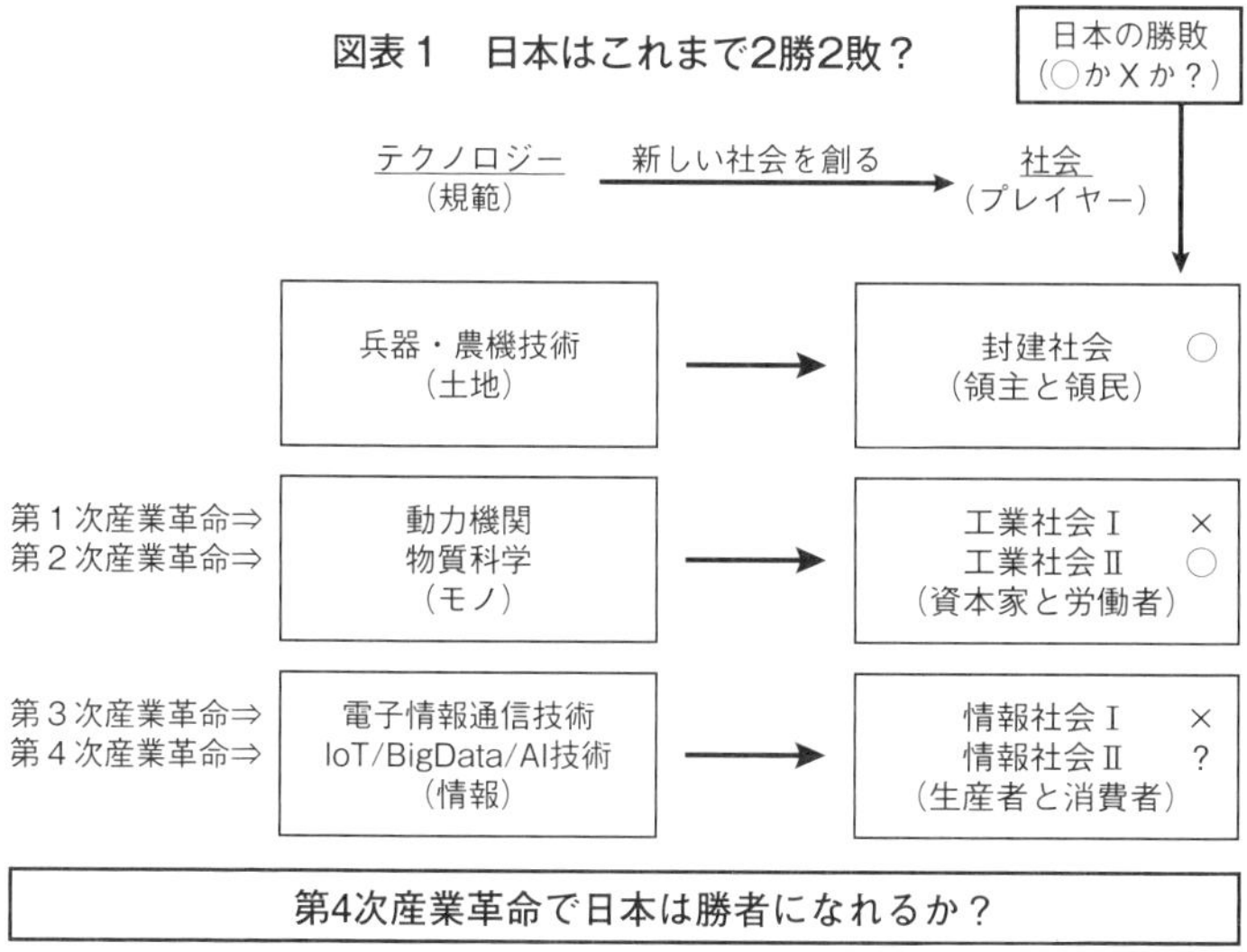

がすべての産業の構造を変えるのです。

この第3次産業革命と第4次産業革命は、工業社会を崩壊させ、「生産者と消費者の新しい関係」を生み出し、「情報社会（ネットワーク社会）」へと大きな変革をもたらすことでしょう。

ここで確認しておきたいのは、〝王国〟とまでいわれた日本の家電産業が壊滅状態に陥ったのは決してデジタル化の影響ではないということです。

家電産業の衰退は、「世界市場よりも日本市場を優先」し、「世界での競争」よりも「日本人の雇用」を優先したことで、グローバル化が手遅れになってしまったために起きました。端的にいえば、産業構造の変化に社会が対応できなかったためです。

工業社会の進展で日本企業の人件費が上昇し、コスト競争力がなくなったことに気づき、海外移転を進めたのは「自然の流れ」といえます。

情報通信装置産業の衰退は、インターネットの技術革新を侮《あなど》って独占と寡占《かせん》の電話事業に執着したことに原因を見出せそうです。

その点、日本の自動車産業は、**日米貿易摩擦**[※5]の教訓から、手遅れになる前に海外移転を完了しており、工場の移転先の国家のGDP向上に貢献しています。

ただ、その自動車産業も現在は、いわゆる**「CASE」**（Connected〈コネクテッド〉、Autonomous〈自動運転〉、Shared & Services〈シェアリング〉、Electric〈電動化〉）の潮流のなかにあり、グーグルをはじめとする新興IT企業の挑戦を受け、将来にわたり盤《ばん》石《じゃく》とはいえなくなりつつあります。


話を戻すと、こうした産業革命が、「革命」と呼ばれるのは、人びとの生活や社会システムを根本から変えてしまったからですが、現在進行中の第4次産業革命は、私たちの生活や社会に従来以上の大規模なインパクトを与えるでしょう。

したがって、第4次産業革命は、単なるデジタル化による企業変革などではなく、**産業革命史の新たなページを開く本質的な時代の変化**であると捉えるべきです。

デジタル化の第3フェーズに突入
——熾烈化する企業間競争

第4次産業革命は、デジタルトランスフォーメーション革命だと述べましたが、デジタルトランスフォーメーションという言葉は、2004年頃に、スウェーデンのウメオ大学のエリック・ストルターマン教授が提唱しました。

ストルターマン教授によれば、デジタル化には、次の3つのフェーズがあります（27ページ図表2）。

デジタル化の第1フェーズが、ITを利用した業務プロセスの強化。

第2フェーズが、ITによる業務の置き換えで、たとえば、いまでは当たり前になっている「銀行のオンラインシステム」や「ネット株式取引」など、デジタル化の第1、第2

フェーズだけでも利便性、効率は格段に上がりました。現在は、デジタル化の途上であり、いくつかの産業は、第2フェーズまでは進んでいるということです。

では、これから進む第3フェーズでは何がデジタル化するのでしょうか。**第3フェーズでは、「ITが業務そのものになる」**のです。その際に大きな役割を果たすのが、AIやIoTであり、このフェーズがさらに進化した場合、現実世界と仮想世界が区別なく存在する社会が実現するとまで考えられています。

ストルターマン教授は、デジタルトランスフォーメーションを「企業のデジタル化」と唱えましたが、私は、デジタルトランスフォーメーションを「ある事業のデジタル化」「一企業のデジタル化」というレベルではなく、**あらゆる業種の企業がデジタル化する「産業のデジタル化」**であると捉えています。

個人単位で考えるなら、「なんだか便利になって、おもしろい世の中になりそうだ」ということでもいいのですが、企業としては第4次産業革命を巡って、熾烈《しれつ》な戦いをグローバルに繰り広げていくことになるでしょう。

企業では、まず既存のビジネスをアナログからデジタルへ、つまり、インターネットを

図表２　デジタルトランスフォーメーションの定義とデジタル化の流れ

デジタルトランスフォーメーション（Digital transformation）
＝
「IT の浸透が、人びとの生活をあらゆる面でより良い方向に変化させる」という概念

・デジタル化の**第１フェーズ**は、IT 利用による業務プロセスの強化

・**第２フェーズ**は、IT による業務の置き換え

・**第３フェーズ**は、業務が IT へ、IT が業務へとシームレスに変換される状態

現在は「第３フェーズ」に移行中
⇒人工知能やロボティクス等の IT 技術の革新により部分的に実現

⇒現実世界と仮想世界が区別なく存在する社会へと発展

フル活用したビジネスモデルへと変革する必要があります。あるいは、ソフトウェアのコード開発を中心にした企業組織への変革が求められます。

こうした変革は、企業にとって「やるか、やらないか」ではなく、「必ずやらなければ生き残れない」という絶対的なものです。

選択の余地はなく、もし、あなたの企業が変革への行動を起こさなければ、他社があなたの企業よりも先に競争優位を築くことになり、「しまった！」と思った頃には、もう追いつけないくらいライバル企業に大きく水をあけられていることでしょう。

すべての会社がＩＴ企業へ
――データを保有する側にイニシアティブが移る

その際、企業において変革の担い手になるのが、**ＩＴエンジニア**です。もちろん、強力なトップダウンは今後も必要であり、優れたトップがいない企業は淘汰《とうた》される運命にあります。とはいえ、「ＩＴが業務そのものになる」ことによって業態が変わるのは現場ですから、これまでとは桁違いの数のＩＴエンジニアが必要になります。

２０１６年６月に米ＩＣＴアドバイザリ企業ガートナージャパンが、日本企業のＩＴ組織に関する調査結果を発表しました[※6]。それによれば、将来的に、ソフトウェアの開発部門の規模は現在の2倍以上になり、そのほとんどがデジタルビジネスを推進する部門になると予測されています。

さらに、日本企業全体の約5割がデジタルビジネスを推進するようになり、実際にデジタルビジネスを担うのは、従来のＩＴ部門内の専門チームが約4割、ＩＴ部門とビジネス部門のタスクフォース[※7]が約3割、従来のIT部門と別組織が約3割になると予測しています。

細かな数値の正誤は別として、デジタルトランスフォーメーションが進んでいくということに異論をはさむ余地はもうないのです。

そして、このままデジタルトランスフォーメーションが進めば、たとえば、「メガバンクとメインフレームベンダー[※8]」といったITのユーザー企業とベンダー企業の関係にも変化が起きることは避けられないでしょう。

なぜなら、**デジタルトランスフォーメーションを進める企業は、すべてIT企業になる必要がある**からです。

デジタルトランスフォーメーションを進めるということは、広い意味でのIT企業になることと同義であり、これまではITのユーザー企業であったとしても、デジタルトランスフォーメーションを進めるなら、ITそのものが業務となるIT企業へと変革していくことが重要になります。

つまり、すべての企業が、ITを中心にした組織に変革する必要があるということです。そして、ITが一般化した世界においての優位性は、「データ」になります。データを保有する側にイニシアティブが移るのは必然で、それは現在においてもすでに顕著であり、グーグル（アルファベット）、アマゾンなどがデータを巡る覇権争いをしていることからも、データの重要性が今後さらに増すことがわかるでしょう。

印刷業界でもデジタル化は可能！
——業界変革のあるべき姿とは

デジタルトランスフォーメーションのわかりやすい例としては、金融における「**フィンテック**[※9]」や、自動車業界における「**コネクテッドカー**[※10]」が象徴的ですが、少し意外な業種でも産業のデジタル化の例は見られます。

以前、印刷業界で講演した際に改めて驚いたのは、「紙の印刷」の市場はこの20年で約半分と、縮小傾向にあるというのです。仮に売上が半分になれば、単純に考えて印刷業界の半分以上の企業が生き残れないことになります。

そんな厳しい市場環境にあって、ある印刷会社は、印刷技術を応用した医療機器の開発やネット上の認証システムの開発などを積極的に行ない、印刷業から別の業態へとデジタルトランスフォーメーションを進めることで、生き残りをかけているとのことでした。

これも業態変革のあるべき姿でしょう。紙の印刷の需要が激減するなら、「印刷業×デジタル」でペーパーレスなビジネスモデルに変革すればいいのです。

なぜ日本だけが負けているのか
――「ピラミッド型多重下請構造」の弊害とアマゾンによる「破壊」

私は、海外の10カ国以上の「産」「学」「官」の立場の人びとと交流する機会もあり、そうしたなかで認識したのが、「インターネットの登場後、日本だけが負けている」ということでした。それを端的に表しているのがGDPです。日本だけが先進諸国のなかでGDPが増えていないどころか、減っているのです（32ページ図表３）。

では、なぜ日本が一人負けしているかといえば、生産者と消費者が直結する「インターネット型産業」に構造変化すべきだったのに、多くの産業分野において、**旧態依然とした**

図表3　先進国で日本だけがGDP減

	1994年	2014年	増減
日本	4.85（38771）	4.59（36156）	3.4%減（6.6%減）
アメリカ	7.30（27755）	17.35（54360）	2.4倍（1.96倍）
ドイツ	2.21（27116）	3.87（47716）	1.75倍（1.76倍）
イギリス	1.14（19743）	2.99（46313）	2.6倍（2.35倍）
フランス	1.40（24398）	2.83（44288）	2.0倍（1.82倍）
中国	0.56（471）	10.4（7626）	17.8倍（16.2倍）
韓国	0.46（10207）	1.4（27970）	3.0倍（2.74倍）
オーストリア	0.204（25688）	0.438（51433）	2.15倍（2.0倍）
ハンガリー	0.043（4148）	0.137（14006）	3.2倍（3.38倍）
イスラエル	0.084（15599）	0.305（37222）	3.6倍（2.39倍）
スウェーデン	0.226（25647）	0.571（58590）	2.5倍（2.18倍）

*GDP：単位＝兆USドル（1人当たりGDP＝単位USドル）
*各種統計を基に筆者作成

「ピラミッド型多重下請構造」をさまざまな規制によって保護してきたからです。その結果、多くの産業が衰退してしまい、グローバルな競争で負けています。

　これに危機感をもった日本政府は、岩盤規制の改革を打ち出しましたが、その岩盤は非常に分厚く、残念ながらいまだに、規制改革がスピード感をもって進んでいるという状況にはありません。

　ちなみに、岩盤規制とは、所管官庁・族議員・業界団体が三位一体となり、改革に強く反対し、緩和や撤廃が容易にできない規制のことです。１９８０年代以降、経済成長の観点から多様な分野で規制緩和が行なわれてきましたが、既得権益をもつ関係者の強い反対にあって問題の解決が後回しにされた規制として、医療、農業、教育、雇用などの分野に見受けられます。

岩盤規制によって規制改革が進まないなかで何が起きるかといえば、**外来種による日本市場の席巻**です。

アマゾンは、日本の流通市場をすでに席巻しています。それは、日本の消費者が、古い体質の日本企業よりもアマゾンを支持しているからです。日本企業が、業界保護のために、ネットかリアルかの問題を議論しているうちに、アマゾンは、何でも買える、しかも安く買える時代を創ってしまいました。

先述したように、アマゾンのようなインターネットを駆使した新興企業を、**「デジタル・ディスラプター（デジタルによる破壊者）」**と揶揄《やゆ》する人がいますが、アマゾンはまさに、日本のいくつかの産業を破壊している最中といえるかもしれません。

もう15年以上前の言葉になりましたが、**「ロングテール」**[※11]という言葉が、アマゾンのビジネスモデルを象徴した言葉として登場したことを覚えているでしょうか。じつは、この「ロングテール」は、インターネットの本質を表している言葉でもあります。

インターネットの本質は、「自律」「分散」「協調」であり、従属関係はどこにもありません。自律した個々の**「ノード」**[※12]が、分散して、協調することで世界に唯一のインターネットを形成しています。だから、「an internet」ではなく「the internet」なのです。

通信工学ではなく、経済学に置き換えると、「ノード」は、「消費者」と「生産者」に置き換わります。すべての経済活動の原点は、消費者による「消費」にあります。

アマゾンを消費者が支持しているのは、大量には売れないものであっても、自分が欲しいものを扱ってくれているロングテールにその原点があるのです。

インターネットの本質とは
――「ピラミッド型組織」から「自律・分散・協調型組織」へ

インターネットは、世界を一新しました。私が、ベンチャー起業家としてインターネットの世界に飛び込んだのも、そうしたインターネットによる大きな変革の一角を、この手で担いたいと思ったからでした。

インターネットは、図表4のCのような分散型です。ネットワークに接続された各ノー

図４　インターネットの基本的な分散概念

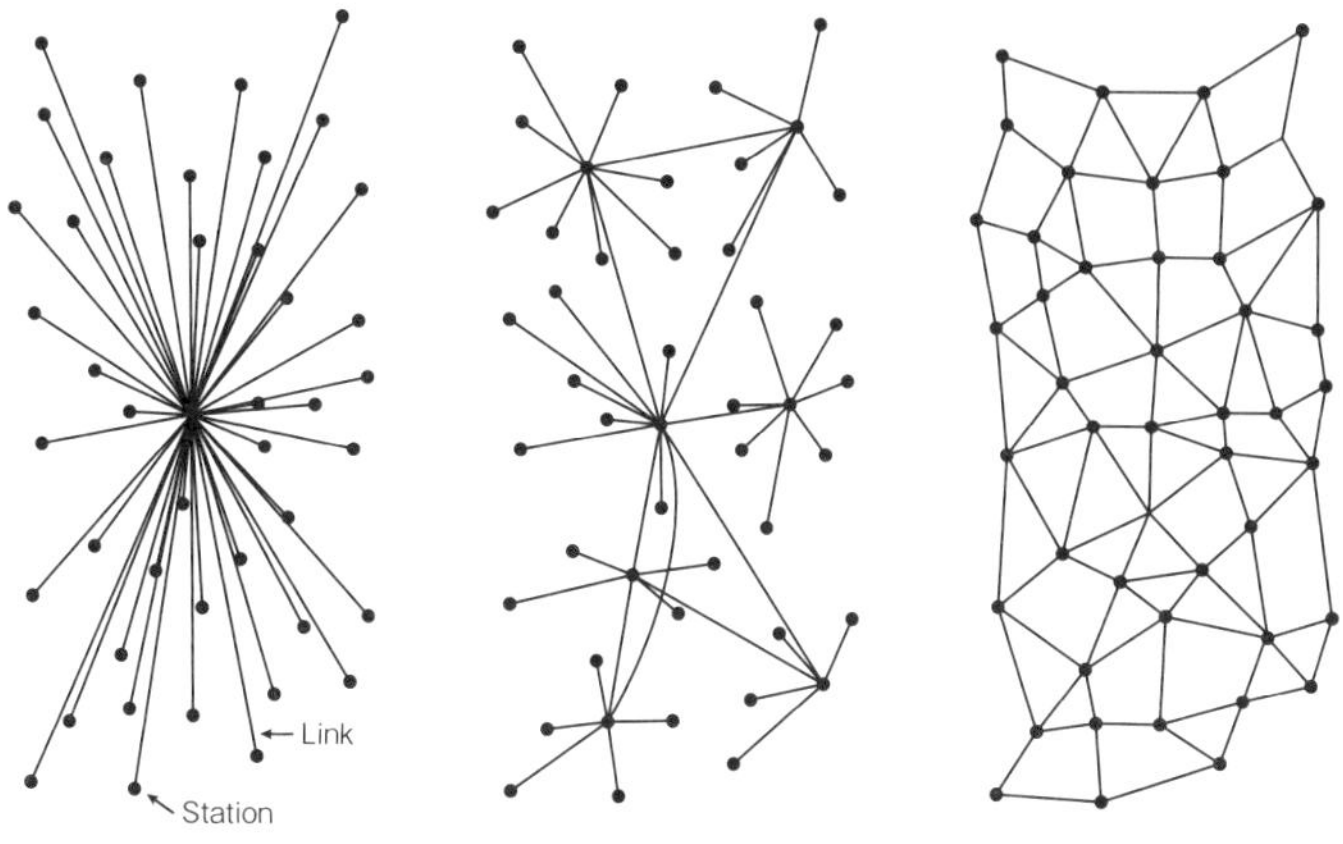

インターネットの基本は（c）のかたち

http://personalpages.manchester.ac.uk/staff/m.dodge/cybergeography//atlas/baran_nets_large.gif

ドは完全分散型で、どこにも集中局がありません。インターネットが登場する前の電話交換網や大型コンピュータのオンラインネットワークなどは、必ず集中局があり、集中局が全体や部分を管理統括する役割を担っていました。

それでは、集中局がないインターネットの基本原理はどのようなものでしょうか。

通信ネットワークや放送ネットワークをも呑《の》み込んでしまう[※13]インターネットアーキテクチャの基本原理は次のようなものです(RFC 1958 [Architectural Principles of the Internet] Brian Carpenter)。

●一カ所に障害が発生しても全体に障害が及ばない
●コネクションレス（電話のように加入回線間の接続手順はなく、いきなり送れる）
●ネットワーク内では必要最低限の状態情報しか維持しない
●End to End制御（中間のノードは制御に関与しない）
●ユーザーがアプリケーション、サービスの選択を制御できる（何に使うかは限定しない）

このようなインターネットの基本原理は、情報ネットワークの構成だけでなく、組織のあり方や外部組織との関係のあり方にも大きく関係します。

大事な点は、まさにここで、**インターネットの本質は、「自律」「分散」「協調」**の３つだと私は考えていますが、これらを情報システムの方法論に過ぎないと限定的に考えてきたのが日本の組織であり企業なのです。この点に**「日本が負けている理由」**があります。

情報通信産業は、１９８５年に日本電信電話公社を民営化したことで競争原理が導入されました。さらに、１９９４年のインターネットの商用化により、さらなる大きな変革が求められました。インターネットの本質は、「自律」「分散」「協調」であり、それらは情報通信産業だけではなく、あらゆる企業に大きな変化をもたらすものだったのです。

日本社会は、この本質を捉えきれずに省庁や業界の縦割り構造と相俟《あいま》って、インターネットに適合した制度改革を怠ってしまいました。その結果、インターネットという技術革新の恩恵に浴することができず、前述した通り、これまでの20年間、主要国のなかで日本のＧＤＰだけが減少し、他国の後塵を拝したわけです。日本だけが、インターネットによる変化に十分に対応できなかったことこそが、「失われた20年」[*14]の原因の本質なのです。

組織や取引形態そのものをインターネット時代に合致したものに変えていく、つまり、組織そのものを従来の**「ピラミッド型組織」から「自律・分散・協調型組織」につくり変える**ことが、日本企業にとっては急務となります（38ページ図表５）。

その目的は、急激な変化への対応スピードのアップとスケーラブル（大規模化も小規模化も容易）であり、自律することで、各参加者（企業）が独立して活躍できるとともに、創造的かつ新しい挑戦ができることが大切です。

自律・分散・協調型組織の運営においては、全体の基本的な共通戦略がまず重要で、そ

図表５　IT 業界も「ピラミッド型組織」から「自律・分散・協調型組織」へ

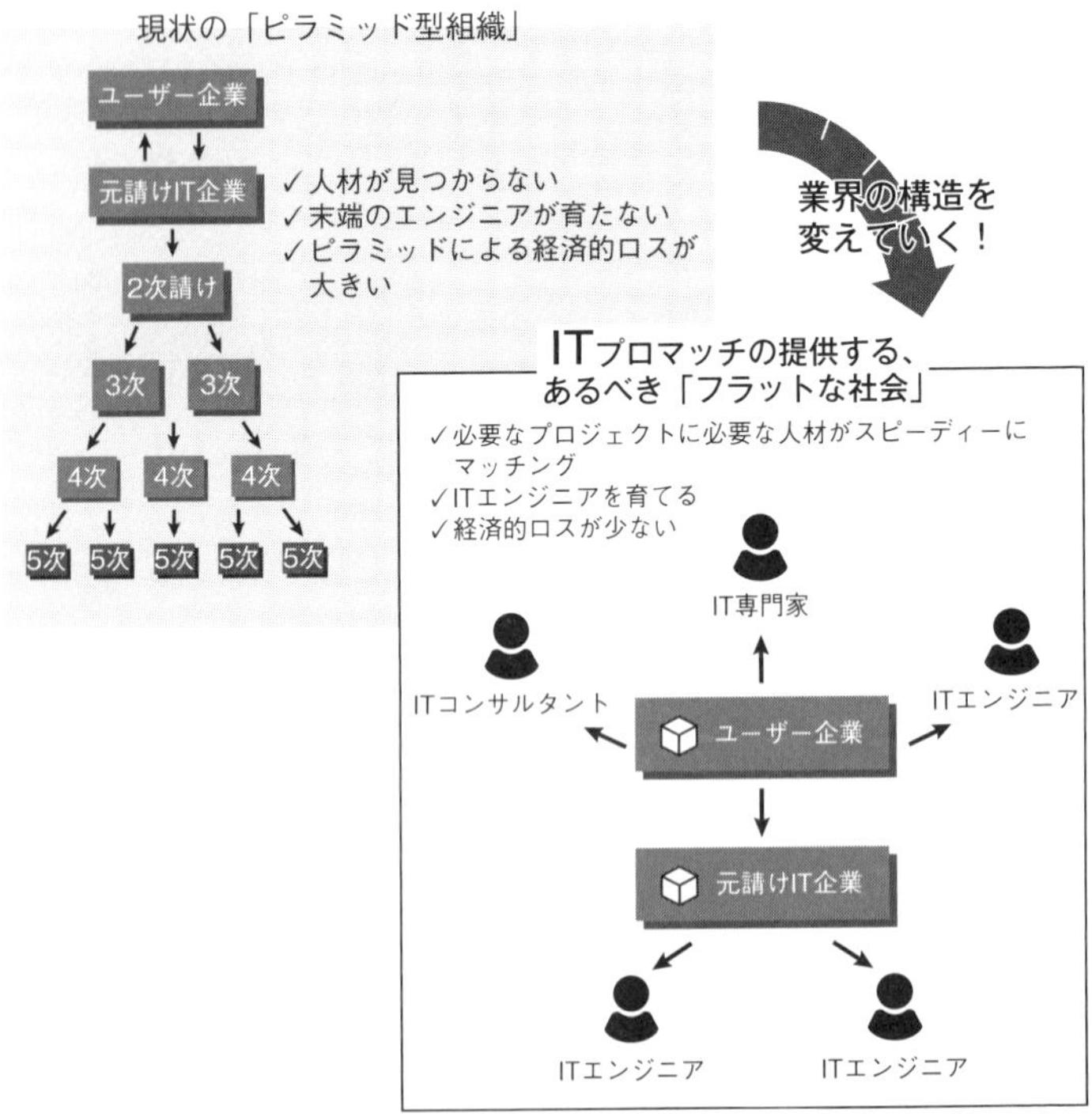

の共通戦略を組織全体で共有するためのコミュニケーションを活性化させることも同時に必要になるでしょう。

インターネットが変革した5つの分野
――コンピュータネットワークのテクノロジーをはるかに超えた概念

完全分散型のコンピュータネットワークを起源とするインターネットは、現在、情報システムの革新にとどまらず、次のような5分野でも大きな変化を起こしています。

❶テクノロジーとして

今日の主要な技術革新であるＩｏＴ、ビッグデータ、ＡＩは、インターネット・テクノロジーとして新たな進化を続けています。

❷ メディアとして

メディアは、情報伝達手段として、活版印刷に始まり、紙メディア、蓄積メディア、放送メディア、通信メディアなどの発明とともに発展してきましたが、今日では、すべての情報伝達メディアは、インターネットへと収束しつつあります。

❸ 民主主義のツールとして

民主主義とは、人民が権力を所有し行使する政治形態とされています。古くは、古代ギリシャに始まり、17、18世紀の市民革命を経て成立した近代国家の政治原理となりました。近代民主主義においては、「国民主権」「基本的人権」「法の支配」「権力の分立」などが重要視され、インターネット登場後は、政治形態だけでなく、広く一般に、人間の「自由」と「平等」を尊重する立場をいうように変化しています。

❹ 外交として

元来、外交とは、国家間の国際関係における交渉のことで、一般に、外交官や首相などの国家の代表同士が国際社会における問題に対応することと捉えられてきました。しかし、インターネットの登場後は、**「インターネット・ガバナンス」**が、新たなグローバル空間での外交の基本となりつつあります。

インターネット・ガバナンスとは、インターネットを健全に運営するうえで必要なルールづくりや仕組み、それらを検討して実施する体制などを表す言葉で、インターネットがグローバル空間であること、単一の管理機構をもたないこと、関係するさまざまな人びとが直接ルールづくりに参加できる文化をもつことなど、従来の仕組みとは、大きく異なります。

⑤ 産業イノベーターとして

政府統計によると、近年「製造業」はその割合が低下し、就業構造のサービス化が進んでいます。農業などの第1次産業へ就業する人は約4％であり、製造業などの第2次産業が約25％、サービス業などの第3次産業が70％前後と大幅に増えています。GDPで見ても、第1次産業約1％、第2次産業約25％、第3次産業約74％となっています（2014年調査）。

こうした産業構造の変化はなにも日本に限ったことではなく、多くの先進国で見られる傾向といえるでしょう。

このように、インターネットは計り知れない影響力をもち、「自律」「分散」「協調」というコンピュータネットワークのテクノロジーをはるかに超えた概念であり、産業構造と社会を大きく変化させてきました。

ますます進む「所有から利用へ」の流れ
――「使いたいときに、使いたいものを使える」経済性の高さ

インターネットの本質である「自律」「分散」「協調」は、「供給者側の論理」から「需要者側の論理」へと、経済活動の根本原理の転換をもたらします。

たとえば、私の会社が属するインターネット業界では、B2B（企業間取引）市場において、コンピュータ資源の「所有から利用へ」という流れでクラウドコンピューティング[※15]が成長しました。

同じことが、自動車業界でも起こっています。レンタカーやリースなど、自動車を所有しないで利用するカーシェアリングというビジネスは存在していましたが、やはり、ライドシェアサービスを行なう**ウーバー（Uber）**の登場によって、今後さらに自動車の「所有から利用へ」の流れが進むことでしょう。前述のシェアリングの潮流です。

「MaaS」[※16]という言葉も注目を集めている通り、自動車メーカーは、「自動車の製造業」から「自動車のサービス業」への変革を迫られています。

需要者側の論理によって、「所有から利用へ」が進むのは、**消費者にとって、「所有」するよりも「利用」するほうが、コストパフォーマンスが圧倒的に高い**からです。もちろん、「持家」や「別荘」「高級車」を所有したいという人も多くいますが、それは、経済性ではなく精神性によるものでしょう。

所有して購買費と維持費をかけるよりも、使いたいときに、使いたいものを使えるのであれば、利用するほうが便利であるとともに、経済性も高くなります。この「使いたいときに、使いたいものを使える」を実現するためにインターネットが大きく貢献し始めています。

増えていない日本の研究開発費
——かつての科学技術大国が最低レベル

皆さんは、日本がどれだけ科学技術の開発に費用を投じているかご存じでしょうか。

主要国の科学技術に関わる研究開発費（指標）の推移（図表6）を見ると、2000年の金額を100として、その後の10年間における研究開発費の増加率は、主要国のなかで日本は最も小さかったことがわかります。

日本の指数が2011年に107だったのに対し、アメリカ、ドイツ、フランス、イギリスは150付近の値となっており、この10年ほどのあいだに研究開発費が約1・5倍増加しているのです。

各国政府の科学技術予算（指標）の推移（46ページ図表7）は、2000年の金額を100として、その後の増減を比較したものですが、アメリカの伸びが目立ち、2011年の指数は184となっています。ドイツも144と増えていますが、日本は主要国のなか

図6　主要国の研究開発費（指数）の推移

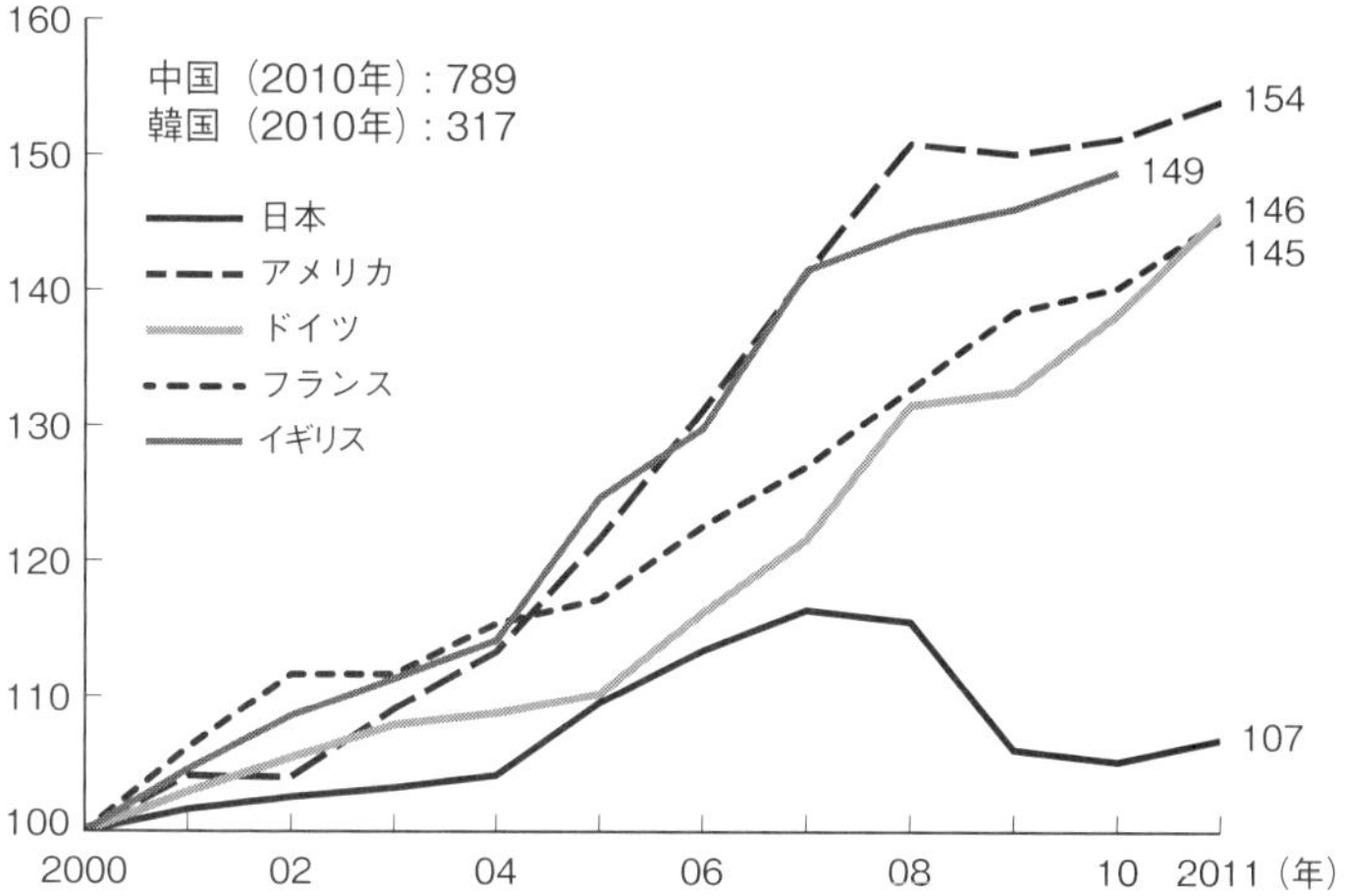

出典：文部科学省 科学技術・学術政策研究所 『科学技術指標2013』

で最低値の112にとどまっています。

さらに大学部門の研究開発費（指標）の推移（46ページ図表8）を見ると、2000年を100としていますが、日本がわずかな増加である110であるのに対して、アメリカは206と2倍以上。また、イギリス193、ドイツ165、フランス164と、日本よりはるかに大きく、その金額を増やしていることがわかります。

こうした科学技術の研究開発に関する金額が、日本だけほぼ一定で、増えていないのは、GDPの停滞と大きな相関があることは間違いありません。

そして、こうした数値が、科学技術大国といわれた日本の衰退を表していることも

図表7　政府の科学技術予算（指数）の推移

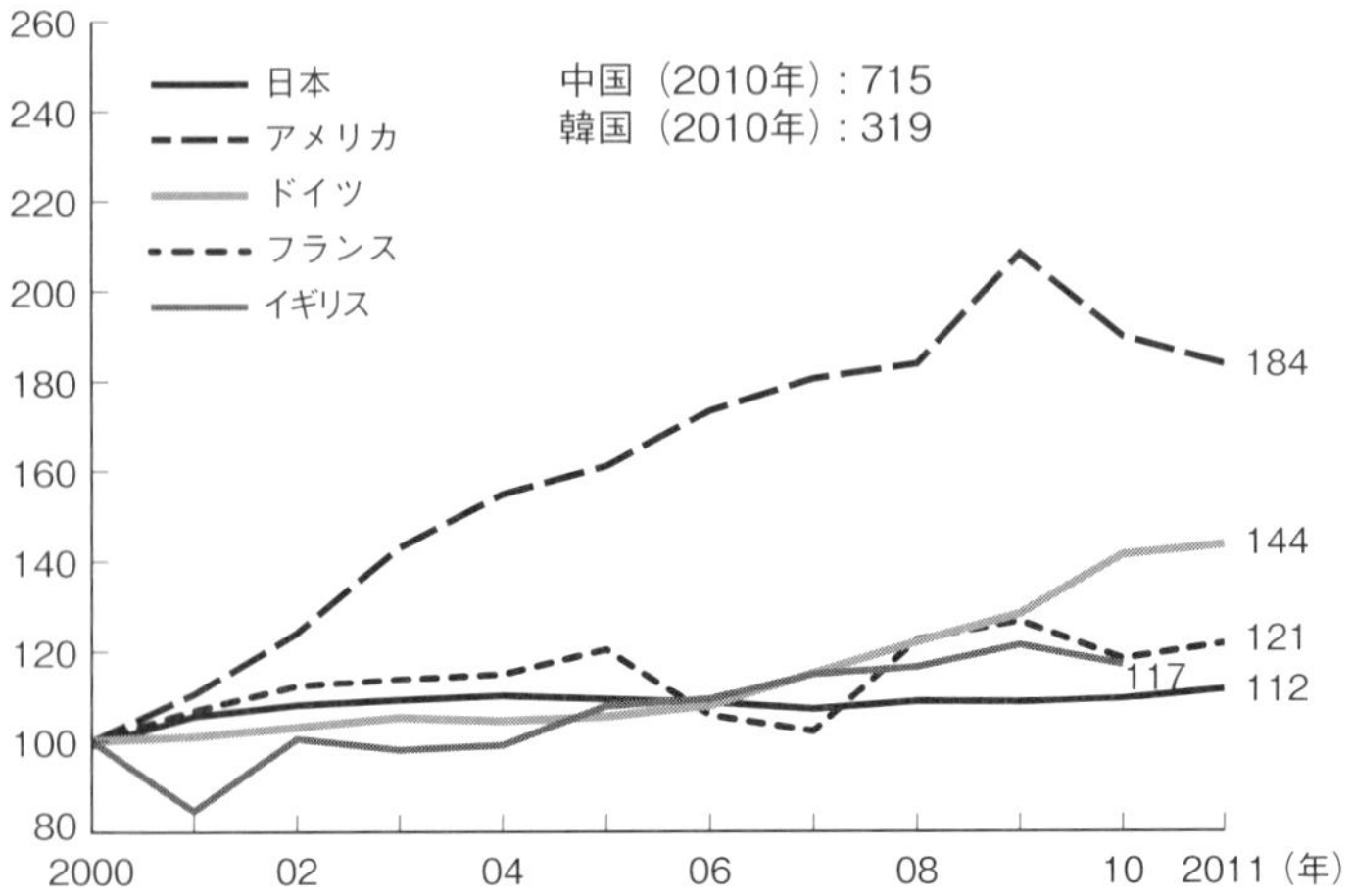

出典：文部科学省 科学技術・学術政策研究所『科学技術指標2013』

図表8　大学部門の研究開発費（指数）の推移

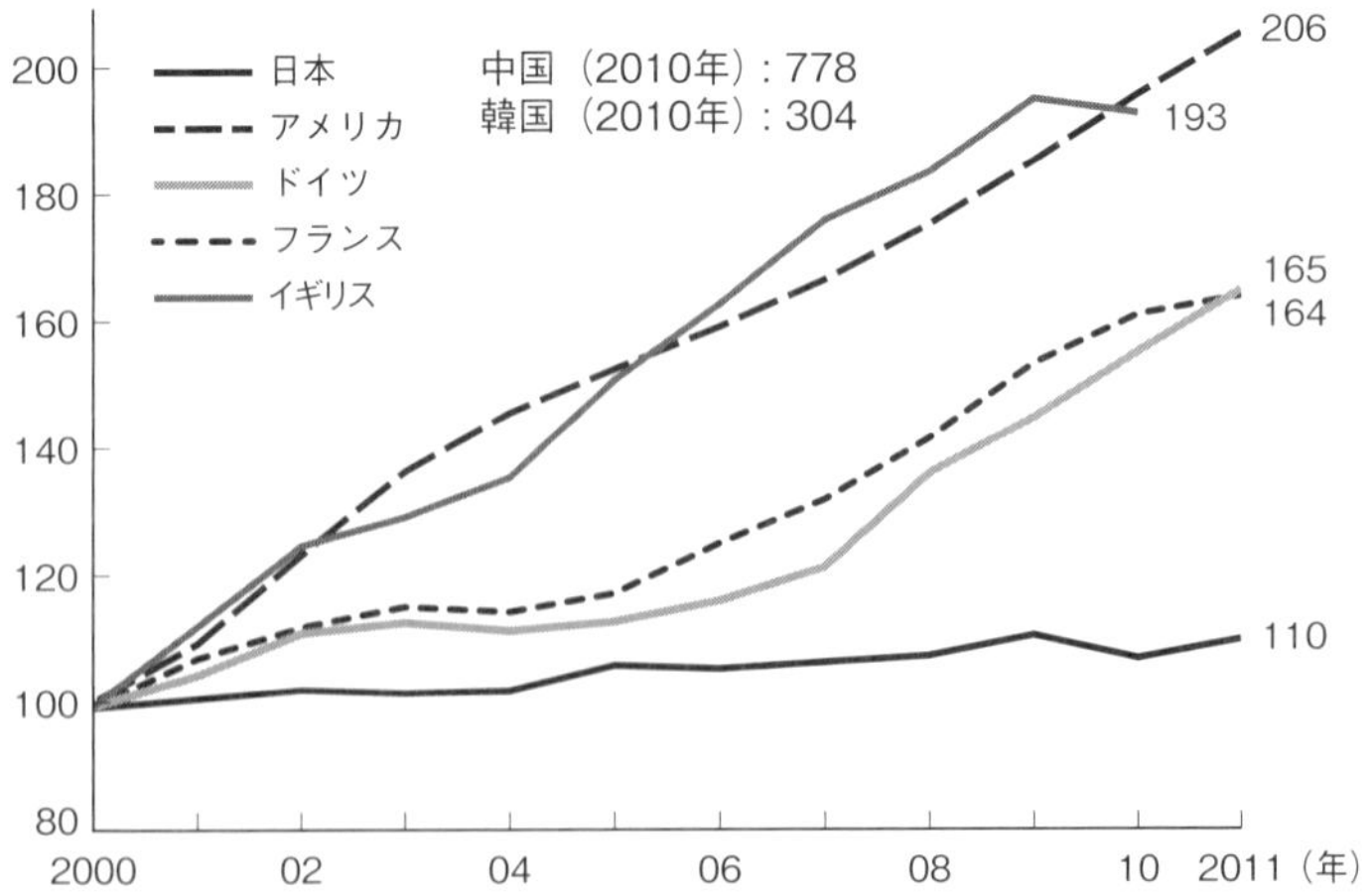

出典：文部科学省 科学技術・学術政策研究所『科学技術指標2013』

また、間違いないのではないでしょうか。

日本企業は左車線を走れるか
――非連続的な技術革新の必要性を認識せよ

経済産業省のホームページに興味深いイラストが掲載されています（48ページ図表9）。高速道路のようなところを車が走っており、前方に2つの標識が掲げられています。左車線の標識には転換ルートとして「世界のリーダー」と書かれており、右車線の標識には現状ルートとして「ジリ貧」と書かれています。

つまり、現在、日本企業の多くは右車線を走っているが、現状ルートを走っている限り、必ずジリ貧になるということです。だから左車線に車線変更するしかないのだということを指摘しているのです。

ただし、左車線を走るのはそんなに簡単なことではありません。日本でも、ヤフー、ミクシィ、楽天など、健闘している企業もありますが、**「GAFA」と呼ばれる、グーグル**

図表9　第４次産業革命 ―日本がリードする戦略―

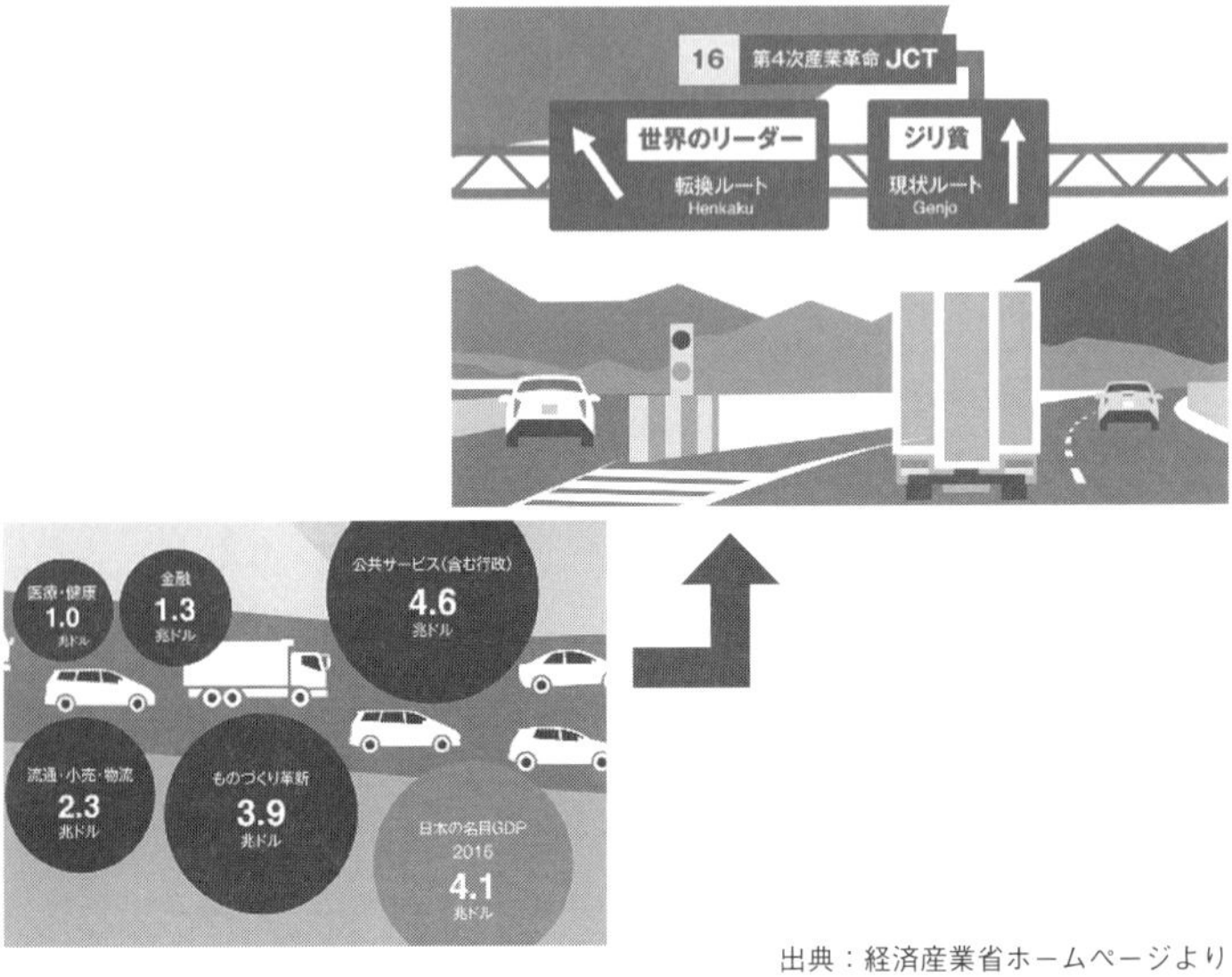

出典：経済産業省ホームページより

（Google）、アップル（Apple）、フェイスブック（Facebook）、アマゾン（Amazon）などの巨大テクノロジー企業と比べると、企業価値も売上規模も、取り扱うデータ量も、桁がいくつも違うというのが厳然とした事実です。

正直なところ、日本企業がいまから同じ土俵で勝負するのはさすがに困難で、これまでのインターネットの世界でグローバルに勝負しても勝てない可能性が高いといわざるをえません。

では、日本および日本企業はどうしていくべきなのでしょうか。これは、以前に比べて時代の変化が速い、予見が困難な時代において何をすればいいのかという話でもあります。

まずやるべきは、**「指数関数的に急激な変化が起こっている」ことを、しっかりと認識する**ことです。そして、非連続的な技術革新が必要になっていること、世界ではすでにそれらが起こっていることも認識し、相応の「危機感」をもつことが必要なのではないでしょうか。

これから10年、日本が勝てる理由
――言語ではなく数値をやりとりする優位性

グーグルやフェイスブック、アマゾンなどは、なぜあれほどまでに巨大な企業になれたのでしょうか。いくつかの理由があると思いますが、私は、彼らのインターネットサービスが人間を相手にしたサービスであり、英語という言語でサービスを行なえたことが大きかったのではないかと考えています。

英語圏は人口が多く、かつ、最も先進的なユーザーが多いからこそ、それぞれのサービスを先行して行なうことができ、先行者利益をがっちりと得て、それぞれの市場のリーダーとなっていきました。

中国のアリババやテンセントも、ここ数年で日本企業を抜き去り、売上や利益、時価総額などで世界でも有数の巨大企業となりましたが、それはひとえに中国語圏の人口が多いからです。経済成長が続く中国で一番になれば、世界有数になれるというわけです。

人間を相手にするインターネットサービスでは、その言語を使う人間の数がビジネスの規模に大きな影響を与えることは明らかです。日本語でサービスを行なう日本企業は、どうしても日本の人口約1億2000万人を超えてサービスを拡大していくことが難しかったのです。

一方、英語圏はアメリカだけでなく、イギリスやオーストラリアもあり、何億もの人がいます。中国の人口は13億人を超えていますので、日本の約10倍の市場規模があるのです。

しかし、これからのビジネスでは、こうした言語の障壁がなくなる可能性があります。なぜなら、**IoTでは、モノがインターネットにつながるので、「言語」ではなく「数値」をやりとりすることになる**からです。

ＡＩを活用してビッグデータを解析するにしても、言語データももちろんありますが、圧倒的に多いのはセンサーなどで計測された数値データでしょう。

つまり、ＩｏＴやＡＩのビジネスでは、言語の障壁がなくなるため、もともと、ものづくりの強さに定評がある日本企業にとっては、絶好のチャンスとなりえます。

人間同士がつながるインターネットの時代から、これから10年くらいかけて、ＩｏＴによって、モノとモノ、モノと人が大量につながるインターネットの時代へと進んでいきます。そうであるならば、**ＩｏＴのビジネスにいち早く取り組むことで、日本企業が世界をリードする巨大企業に成長できるチャンスも十二分にある**といえるのではないでしょうか。

そのためには、政府も企業も科学技術に関する研究開発費を増やすことが、何よりも肝要になるでしょう。それでも限られた予算となりますから、投資対象を絞り込む必要がありますが、私は、あらゆるモノがインターネットにつながるＩｏｔ関連ビジネスこそ、日本の勝ち筋だと考えています。

人口減少はピンチではなくチャンス
——技術革新は強い危機感から生まれる

第4次産業革命——デジタルトランスフォーメーション革命を進めるうえで、もう一つ、日本に有利な点があります。

それは、少子化によって人口減少と高齢化が進み、今後も労働力人口が減り続けることが予想されている点です。意外に思われるかもしれませんが、人口減少は日本にとってチャンスなのです。

労働力人口の減少は、一般的には経済を縮小させると考えられています。人口が増え続けているアメリカがGDP1位であり、2位の中国は先述した通り13億人超の人口を抱えています。インドも人口が多く、今後も人口が増えていくことが予想されるからこそ経済の成長が期待されているのでしょう。

一方、デジタル化やAIによって、現在、人間がやっている多くの仕事が奪われ、失業者が増加することが危惧されています。
人口減少も仕事の減少も、どちらもネガティブな問題と考えられていますが、しかし両方を考え合わせると、**仕事が減っても、人口が減るのであれば、数字上、失業者は増えないのです。**

現在の日本の失業率を世界各国と比較してみても、日本は圧倒的に低く、２％台を維持しています。もはや完全雇用に近い状態にあり、業界によっては必要な人数を確保できずに人手不足で困っています。

この点では、先進国のなかでも日本は特異であり、構造的な**「低失業率国家」**なのです。そして、この特徴は、今後も人口減少によって継続していくことは明らかです。

つまり、日本は労働力人口の減少が激しく、高齢化が進行するのですが、それを逆手にとって、これまで人がやっていた仕事をどんどんデジタル化して、コンピュータやロボットで代替していけば、まさに「業務そのもののＩＴ化」となり、デジタルトランスフォーメーションが進んでいくことになるのです。

これまでの技術革新を見ても、その多くは目の前の課題を何とかして解決したいという強い動機が源泉となっていました。目の前の問題や課題を解決しなければ前に進めない、生き残れないという危機感があるときに、技術革新は起きてきたのです。

その意味でも、日本は人口減少による人手不足という避けられない課題を解決するためには、デジタルトランスフォーメーションをどんどん推進すればよく、失業問題を考える必要がないという点で、世界的に見ても有利であり、このことが技術的進歩においても優位に作用するのではないか、と私は考えています。

そして、日本国内で技術革新を起こし、その技術が日本の武器となって国際競争力を向上させることにつながれば、人口減少傾向にある局面で経済を大きく成長させることができるでしょう。これは歴史的に見ても、かなり珍しい画期的なことではないでしょうか。

「2030年GDP1000兆円」シナリオを実現するヒントもここにあると思います。

中高年人材の流動性を高めよ
――高成長の人材不足業界に優秀な人材を移す

高齢化するとはいえ、人材の質についても、日本は世界各国よりも有利だといえます。

なぜなら、現在の中高年である50代、60代は、激しい競争を経て中等教育を受けてきた世代です。偏差値や受験のための勉強であり、創造性の欠如など、さまざまな弊害が指摘されてきましたが、その一方で、中高年の基礎学力は、世界でもトップクラスです。

終身雇用制も、人材の有効活用や流動性の低さといった弊害がある一方、企業教育システムが整備されてきたことから、ビジネス人材としての質は、国際的にも突出しているといわれます。

こうした日本独自の中等教育と終身雇用型企業教育によって育成された質の高い中高年人材に対して、年功序列の人事制度を見直し、労働市場の流動性を高めることができれば、これまで活用できていなかった人材の活用が可能になるでしょう。

現在、「事実上の終身雇用制の継続ともいえる定年延長」が進んでいますが、これを企業の「国家に代わる社会福祉制度」としてではなく、**「社会的な人材活用制度」**として機能させることが大切です。

「定年延長」は、雇用確保として機能していますが、優秀な人材の「飼い殺し」となる側面もあり、優秀な人材を活用しないで遊ばせている社会を創りだしているともいえるのです。

この慣習を破り、人材の流動性を高めることができれば、日本は雇用の需給が逼迫《ひっぱく》している状況だけに、衰退・低成長の人余り業界から、高成長の人材不足業界に優秀な人材が移れるようになります。

中高年の優秀な人材が高成長業界に移り、そこで大いに活躍してもらうことができれば、日本経済が好転し始めるのは、まず間違いないのではないでしょうか。

必要な人材を外部から獲得する柔軟な採用を進めるとともに、逆に、同一企業で活躍のチャンスに恵まれなければ他の企業で活躍するチャンスを与える、外部への人材輩出機能が求められているのです。

ビッグプレイヤーたちの第4次産業革命
——予想できない「新しい産業」が生まれる

2017年3月、**「CeBIT（セビット）」**という世界最大規模の国際情報通信技術見本市がドイツのハノーバーで行なわれました。毎年パートナー国を決めて開催するイベントですが、17年のパートナーは日本。ジャパンイヤーということで、3月19日の前夜祭には、アンゲラ・メルケル首相とともに安倍晋三首相も参加しましたが、このときのオープニングカンファレンスのテーマがまさしく「デジタルトランスフォーメーション」でした。

ドイツは鼻息荒く**「インダストリー4・0」**を推し進めています。「インダストリー4・0」は第4次産業革命とも言い換えられますが、私はこうしたドイツの方針は第4次産業革命の本質を必ずしも捉えていないと考えています。**製造業のための革命と見てしまっては、戦略を誤る**のではないでしょうか。

日本にも勝機はあります。そのために必要なことが「デジタルトランスフォーメーション」を理解し、いま起こっていること、これから起こるであろうことの本質を、一人でも多くの日本人が理解することだ、と私は考えています。

蒸気機関を使って自動化した第1次産業革命。電力で自動化した第2次。コンピュータで自動化した第3次。そして、第4次は、製造業をＩｏＴによって効率化するという発想です（59ページ図表10）。

第1次産業革命は、紡績機械と蒸気機関と石炭製鉄の発明によって実現されましたが、製造業の自動化というよりも、鉄道業や海運業などの新しい産業が生まれたことが第1次産業革命の本質です。

そして、内燃機関の発明、あるいは、発送電技術が発明されたために自動車産業、運輸産業、エネルギー産業が生まれたことが第2次産業革命の本質であって、たんなる自動化が本質ではありません。

さらに、通信、コンピュータ、半導体の発明が、製造業を自動化したことだけではなく、流通、金融という新しい第3次産業を大きく発展させたというところに第3次産業革命の本質があるのです。

では、第4次産業革命の本質が何かと問われれば、インターネットが中心となることは確かですが、私たちがまだ予想できていない「新しい産業」が生まれる、または、**現在の産業が大きく構造変化する「産業のデジタル化」――デジタルトランスフォーメーション**こそが本質だと私は考えています。

その萌芽はすでに世界の至るところに見られます。超有名グローバル企業のいくつかの動向を図表11（60ページ）にまとめました。

各社の取り組みはさまざまですが、共通するのは、それぞれに大きなビジョンを描いて

図表10　第4次産業革命の本質とは？

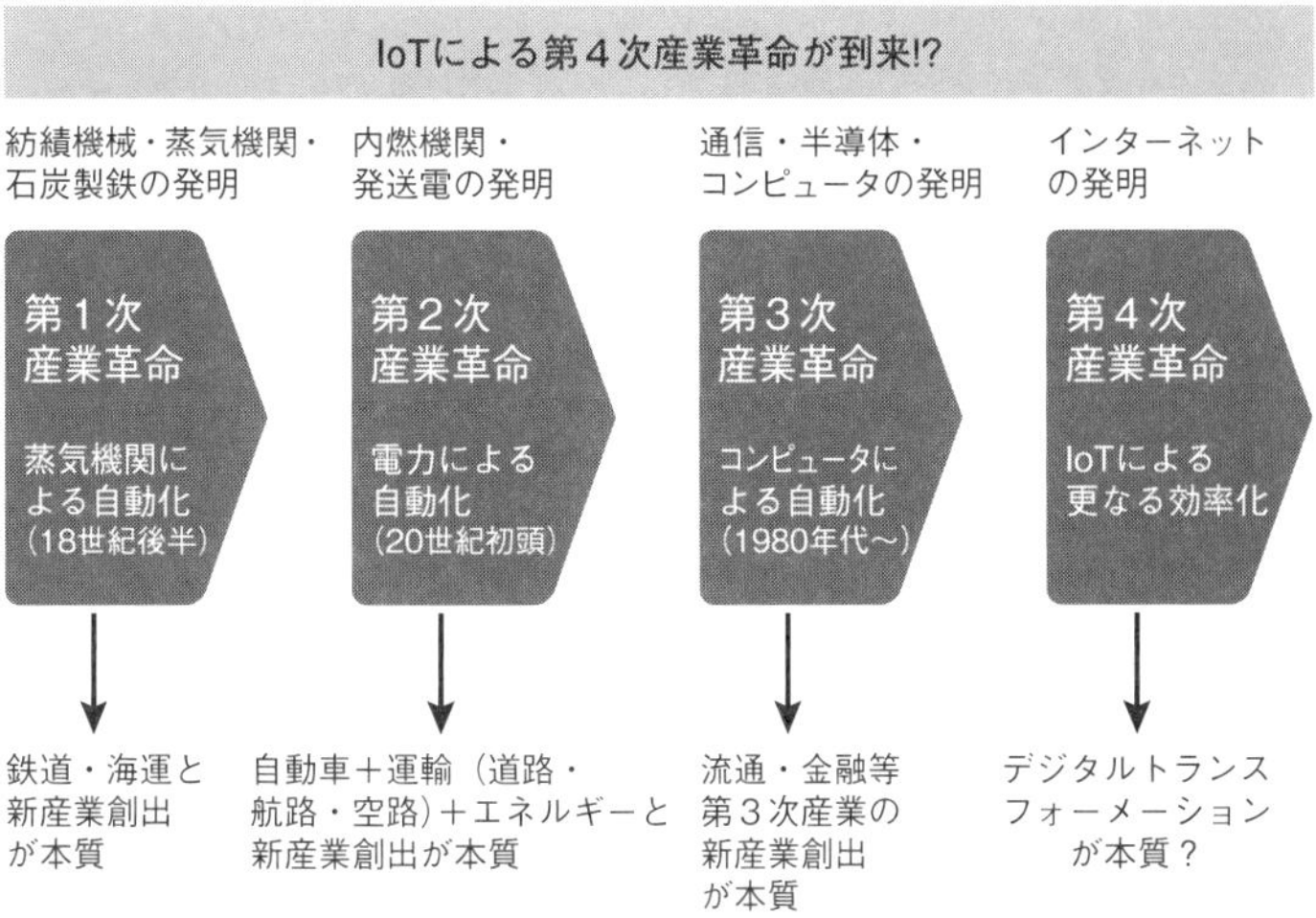

いる点です。大風呂敷を広げることは、日本ではあまり好まれませんが、グローバル企業では、トップが壮大な夢やビジョンを語ることが重要視されます。

また、どの企業も、できるだけ多くのデータを集められるように、パートナー（仲間）集めを工夫するとともに、**「インタフェース（人との接点）」**に何らかの仕掛けを行なうことにも工夫を凝らしている点も共通しているようです。

IT企業だけで競争するのではなく、ITを使うユーザー企業をも巻き込んで、パートナーをできるだけ多く増やそうという思想が、各ビッグプレイヤー企業にあるのではないかと感じています。

図表11　グローバル企業の最新動向

GE

特筆すべきは、航空機のジェットエンジン分野における、プロセスのデジタル化。ボーイングとエアバスへのエンジン供給のみならず、最近は多くのエアラインのエンジンの解析データも有する。風力発電のタービンに上ってメンテナンスをするロボットまで開発。

シーメンス

「インダストリー4.0」の中核を担い、スマート工場化を推進する。工場では、生産ラインにセンサーを設置。ネットとつなぎ、効率化することで、カスタムメイドの多品種化や低コストの量産システムを構築。また、全データをクラウドに集約し、サプライチェーンを最適化、徹底的にムダを省いた工場の実現をめざす。

グーグル

AI研究から完全自動運転車を開発中。さらに、ディープラーニングを生んだジェフリー・ヒントンを招聘し、東大発ベンチャー（その後、ソフトバンクに売却）や、アルファ碁を開発したDeep Mindなど、AI、ロボティクス分野の企業を多く買収している。さらに、「GPU（Graphics Processing Unit）」の先をいく機械学習に特化した半導体チップ「TPU（Tensor Processing Unit）」を自社開発する。

フェイスブック

ディープラーニングの専門家であるヤン・ルカンを招聘し、AI研究所を設置。コミュニケーション支援の目的にフォーカスしたAI開発のほか、SNS上の会話、写真画像などを認識して解析する研究を行なう。

さらに、AI関連のベンチャーを1年で約10社買収し、企業向けに「チャットボット（Chatbot）というサービスを他社に先行してリリース。チャットボットは、「対話（Chat）」と「ロボット（Robot）」を合わせた造語で、文字や音声を通じてAIが自動的に会話を行なうプログラム。

マイクロソフト

対話支援のAIの開発に注力する。クラウドサービスの集合体である「マイクロソフト・アジュール（Microsoft Azure）」にAIのパッケージを組み込んだり、声でパソコン操作できる「コルタナ（Cortana）」というサービスを提供。自動対話支援ツールも開発する。

アマゾン

スピーカー一体型対話デバイス「アマゾンエコー（Amazon Echo）」を他社に先駆けて2014年に発売（日本語版も17年から販売）。音声によって、さまざまな家電を操作でき、質問に対する自動応答なども可能に。

IBM

汎用人工知能の「ワトソン（Watson）」の開発とサービス提供を重視。ワトソンは、AIを「Augmented Intelligence（拡張知能）」と定義し、あくまで人間支援に徹し、他社と差別化。また、パートナー企業の囲い込みを行ない、システムインテグレーターと組み、金融分野でクラウドサービスを提供する。

〈第1章注釈〉

※1　ＡＩ（Artificial Intelligence）　人工知能。人間の知的営みをコンピュータに行なわせるための技術のこと、または人間の知的営みを行なうことができるコンピュータプログラム。

※2　ＩｏＴ（Internet of Things）　モノのインターネット。主にパソコンやサーバー、プリンターなどのＩＴ関連機器が接続していたインターネットに、それ以外のさまざまな機器や装置をつなげる技術。膨大な量の情報を共有するクラウド技術やビッグデータ技術、人工知能などの登場により、従来の人間同士のコミュニケーションだけでなく、あらゆる〝モノ〟に高度な通信機能が組み込まれ、インターネットで相互に情報伝達できるようになることを意味する。

※3　シンギュラリティ（Technological Singularity）　技術的特異点。ＡＩが指数関数的に高度化することで人間の知能を超える時点をさす。

※4　産業革命　動力機関の発明と応用が生産技術に画期的な変革をもたらし、工場を手工業的形態から機械制大工場へ発展させ、その結果、社会・経済のあらゆる面に生じた変革と発展の総過程。

※5　日米貿易摩擦　第２次世界大戦敗戦後、日本の経済成長と技術革新に裏打ちされた国際競争力の強化によって、アメリカに大量の日本製品が流入した。１９６０年代後半の繊維製品、１９７０年代後半の鉄鋼製品、１９８０年代のカラーテレビやＶＴＲをはじめとする電化製品・自動車（ハイテク製品）などの輸出超過により、激しい貿易摩擦を引き起こした。

※6　ＩＣＴ（Information and Communication Technology）　情報通信技術。情報処理および情

報通信、つまり、コンピュータやネットワークに関連する諸分野における技術・産業・設備・サービスなどの総称である。ITとほぼ同義語。

※7 タスクフォース　企業が抱える緊急性の高い課題・問題への対応だけでなく、事業推進の目的で特別に編成された組織。

※8 ベンダー（vendor）　製品の供給業者。情報システムの買い手・利用者の側（ユーザー企業）からは、インテグレーター（情報システムの設計・開発者）のことをシステム全体の売り主として「ITベンダー」「システムベンダー」「開発ベンダー」などと呼ぶことがある。

※9 フィンテック（FinTech）　FinanceとTechnologyを合わせた造語。スマートデバイス、ビッグデータ分析、AIなど、新世代のITを活用した金融サービス。

※10 コネクテッドカー（Connected Car）　インターネットに常時接続している自動車。

※11 ロングテール（The long tail）　主にネットにおける販売においての現象で、売れ筋のメイン商品の売上よりも、あまり売れないニッチな商品群の売上合計が上回る現象のこと。

※12 ノード（node）　コンピュータネットワークの接点、分岐点。サーバ、クライアント、ハブ、ルータ、アクセスポイントなど、センサーネットワークではセンサー端末のことをさす。

※13 インターネットアーキテクチャ（Internet Architecture）　インターネットの基本設計や共通仕様、思想。

※14 失われた20年　日本経済が安定成長期終焉後である1991年3月から約20年以上にわたり低迷（好景気時でも実質経済成長率が5％以下の低成長）した期間。

※15 クラウドコンピューティング（cloud computing）　コンピューティング・サービス（サーバ

ー、ストレージ、データベース、ネットワーク、ソフトウェア、分析など）をインターネット経由で配信すること。略してクラウド。

※16　ＭａａＳ（Mobility as a Service）　車を所有せず、使いたいときだけお金を払って利用するサービス。ウーバーに代表されるライドシェアやカーシェアも含まれる。

我想做日本料理
(和食がいいかしら)
承知いたしました!
我遇到了麻煩
(困ったなぁ……)

第2章 IoTがもたらす過去最大の成長

——「製造業のサービス化」でつながるビジネス

インフラのIoT化が加速

医療・流通・農業などで実用化

2030年はこうなる

● 各産業でコネクテッド化が進む「コネクテッドインダストリー」が政府主導で進められる。
●「5G（第5世代移動通信システム）」が普及し、スポーツ観戦や救急医療、買い物などの生活シーンが一変する。
● 日本の製造業はモノをつくって売るだけではなく、サービスも行なうビジネスモデルへと変わる。

ワイアレスIoTが実用化

２０３０年に5Gが当たり前の時代が訪れたことで、ワイアレスＩｏＴが実用化された。

技術を支えるのが「エッジコンピューティング」である（エッジとは端のこと）。

たとえば、工場現場にコンピュータを置き、そのコンピュータでデータ処理を行ない、現場をリアルタイムにコントロールできる。

２０３０年には、大企業の技術リソースがオープンになり、このエッジコンピューティングが、医療や流通、農業などの分野で幅広く実用化された。

5G&IoTの力が遺憾なく発揮された

IoTが事故防止に貢献！

防災センサーが落盤を察知

建設作業の効率化にも

IoTが人命を救った。「3分後に天井板が落下する」。建設資材に取り付けられたセンサーが老朽化を察知し、トンネルに入ろうとしたドライバーに通知。速やかな避難を促した。同時に、救助センターとリアルタイムに情報を共有し、事後対応も滞りなく終えたという。

IoTによりネットワーク管理が簡略化されたことで、事故防止だけでなく、建設作業の効率化やメンテナンス時間の短縮にもつながっている。

※『日本創生新聞』は2030年に起こりうる日本の未来を報じた「未来の新聞」です

「コネクテッド」に変革できる企業、できない企業
――「つながる」ことをしない日本の経営者

第1章でも述べた通り、第4次産業革命では、私たちがまだ予想すらできていない「新しい産業」が生まれる。あるいは、現在の産業が大きく構造変化する「産業のデジタル化」――デジタルトランスフォーメーションが起こると私は考えています。

その中心にあるのは、インターネットです。インターネットの本質は「自律」「分散」「協調」であり、どの業種、どの業界、どの産業の企業であっても、こうしたインターネットの本質を踏まえたビジネスモデルに変革する必要があります。

そこで、最も重要になるのが、**スタンドアローン**※1**のビジネスをいかにインターネットにつながるビジネスに変えるか**ということです。

トヨタ自動車は、コネクテッドカーを開発すると宣言していますが、そのライバルは日産でもホンダでもなく、フォルクスワーゲンでもベンツでもなく、グーグルやアップルな

のかもしれない。そう主張するのが、豊田章男《とよだあきお》社長です。

経済産業省も**「コネクテッドインダストリー」**[※2]という言葉を使って、各産業がコネクテッド化を進めるのを後押ししようとしていますが、本気で、真剣にコネクテッド化を進めなければならないと理解している経営者がどれだけいるかというと、はなはだ疑問で、私はこのことに強い危機感をもっています。

なぜそう思うのかといえば、一般社団法人日本経済団体連合会（以下、経団連）などの経営者が集まる場に行き、「社長、今度メールしますね」というと、「秘書に送っておいて」という人ばかりだからです。

コネクテッドな経営者がマイノリティーな日本と比べて、海外では、初対面の人とビジネスの場で、フェイスブックやツイッター等を介して連絡先を交換するのが一般的です。名刺交換をしても、SNS[※3]でつながろうとしない日本の経営者は、海外ビジネスの現場において、一歩も二歩も後れているといわざるをえません。

その象徴が、日本だけでなく、アナログのフィルムビジネスから脱却できなかったコダックです。デジタルカメラが登場したにもかかわらず、旧態依然のビジネスモデルに依存していたために、企業として苦境に直面してしまいました。

これからの時代は、自分たちのビジネスモデルをコネクテッド化しないと、生き残るのは困難といえます。

いよいよ「5G」の時代へ
――2020年に本格化、私たちの暮らしが一変する

第4次産業革命の本質は、デジタルトランスフォーメーションですが、これを加速する情報通信の共通基盤が、**「5G[※4]（第5世代移動通信システム）」**です。

これまで移動通信システムは、次のような変遷を経て進化してきました。

1G：1980年代：アナログ携帯電話用
2G：1990年代：デジタル携帯電話用、約10kビット／秒、欧米日3方式
3G：2000年代：写メールデジタル携帯電話用、1Mビット／秒、米CDMA20

00、日欧方式WCDMA
4G：2010年代：スマートフォン用、10Mビット／秒、世界共通国際標準

移動通信システムは、およそ10年ごとに進化してきており、2020年からのサービスインが期待されているのが5Gです。

いま私たちがスマートフォンで使っている4Gの周波数は、700〜900MHz帯が主で、**プラチナバンド**[※5]などと呼ばれています。ビルなどがあっても電波が回り込んでくれるため、つながりやすい電波です。

5Gの周波数はもう少し高く、3・6〜6GHz帯と28GHz帯を使用するといわれており、**4Gの約100倍の通信速度**になります。ただ、指向性が強いため、基地局を多くつくる必要があり、また、電波の届きにくい場所の受信を助ける「ギャップフィラー」という装置を設置する必要があるなど、設備投資に時間と費用がかかります。

5Gは、これまでの携帯電話やスマートフォンだけではなく、IoT向けのインフラとなるもので、センサーや制御装置など、あらゆる産業用機器がその接続対象になることを想定しています。

5Gでは、通信が「超高速（最大10Gbps）」になることで「大容量化」します。また、5Gによって、1ミリ秒程度の「超低遅延」と1平方キロメートル内で100万台が同時に接続できる「多数接続」などが実現します。

では、それによって私たちの生活はどのように変わるのでしょうか。

具体例を挙げると、スポーツの楽しみ方や救急医療、買い物、防災・減災の仕組み、地方での暮らし、街歩き、仕事のやり方、車の事故防止・ナビゲーション、車の役割、空港・駅での生活シーンが大きく変わることとなります。

平昌オリパラで実施された5Gの実験
——東京オリパラではNTTが主役

日本は、2020年の東京オリンピック・パラリンピック（以下、オリパラ）競技大会に向けて、5Gの導入が進んでいますが、「オリパラで5Gを！」と最も熱を入れているのが、米半導体素子メーカーの**インテル（intel）**です。

オリパラのメインスポンサー企業でもあるインテルは、2018年の平昌《ピョンチャン》オリパラでも、いち早く5Gを使った実験をスピードスケートやボブスレーなどの会場で行ないました。

韓国側でインテルと連携したのが、**コリアテレコム**。2020年の東京オリパラでインテルと連携するのは、**NTTグループ**です。NTTもまた、東京オリパラの通信事業のスポンサーです。

インテルが平昌オリパラで何をやったかというと、たとえば、アイスアリーナに100台のカメラを設置し、独自の5G端末を会場で配り、臨場感あふれる、さまざまな視点からの映像を観られるようにしました。ユーザーは各々の観たい方向から、選手の動きを観ることができたのです。

2030年を見通した電波政策
――IoT時代に合わせてアップデートを

現在は、こうした電波を使った無線が主流になりましたが、ほんの数年前までは**光ファイバー**という有線が主流でした。無線の通信技術の伝送総容量は、有線の光ファイバーに対して、およそ5年遅れでほぼ追いつくといわれています。

電波というのは、光よりも周波数の低い（＝波長の長い）電磁波のことです。光は目で捉えることができるため、可視光と呼ばれ、400～760nm（ナノメートル）。目で見える波長の短いほうの限界が紫で、波長の長いほうの限界が赤です。紫から赤まで人間は見えますが、紫より波長が短い紫外線や、赤よりも波長が長い赤外線になると、人間は目で見ることができなくなります。

そして、赤外線よりももっと波長が長い電磁波が電波です。電磁波は、電気と磁気のエネルギーが交互に伝わる仕組みになっており、波長の長さによって性質が変わり、電波のように波長の長いものは、地上を伝わったり、ビルを回り込んだりします。

AMラジオは地上波と呼ばれ、地上を伝わってくるので障害物があっても聞こえます。

FMラジオはもう少し高い周波数を使っているので、聞こえるエリアが限定されてしまうわけです。

こうした電波は公共の資産であるため、国（総務省）が使用を許可して利用料を受け取っており、**電波利用料の約8割を携帯電話会社が負担、テレビの放送局の支払いは1割未満**です。

電波（周波数）の割り当てとしては、約半分強が携帯電話会社で、約半分弱がテレビ放送局なので、同じように電波を使用しているのに、なぜこれほど違うかといえば、放送局は電波を発信しているのはスカイツリーだけなのに対して、携帯電話会社は1台1台の携帯電話が電波を発信しているので、物理学的に電波を大量に使用しているのは通信会社だからです。

もう一つは、放送局は公共のために電波を使用することになっているため、公序良俗に反したコンテンツを放送することはできず、放映する番組は、番組審議会のチェックが入る仕組みになっています。

他方、携帯電話の通信には、通信の秘匿義務があり、個人が何を話しているか、何を送信しているかなど、干渉してはならないという法律があります。

したがって、ポルノ放送は禁止されていても、ポルノ通信はできるのです。コンテンツの自由度が高く、自由に稼ぐことができるのだから、携帯電話会社の負担のほうが大きいのは当然だという声もあります。

携帯電話会社は、こうした利用料の決め方に不満をもっています。

電波をどういう企業に割り当てるか、利用料はどう決めるか、あるいはどういう企業には電波事業から退いてもらうか、こうした制度設計のために、電波政策に関する議論を行なうのが、私もメンバーに入っている総務省の有識者会議です。

電波は限られた公共の経済資産であり、国民の共有財産です。これをどう有効に使うかは、非常に重要な議論で、すでにある基準をどうＩｏＴ時代に合わせてアップデートするかが話し合われています。

ちなみに２０３０年代に実現すべき電波利用システムとしては、次のようなものが挙がっています。

①　Beyond 5Gシステム
②　ワイヤレスIoTシステム
③　次世代モビリティシステム
④　ワイヤレス電力伝送システム
⑤　次世代衛星利用システム
⑥　次世代映像・端末システム
⑦　次世代公共防災システム

日本独自のGaN技術による5Gデバイスの研究開発
――ノーベル物理学賞受賞者との協働で半導体産業、情報通信産業に寄与

２０１８年度から電波利用料を財源とした総務省研究開発プロジェクトが始動しました。

同プロジェクトの産学連携チームは、産業界は、ブロードバンドタワー（代表研究機関）、NTT、パナソニックセミコンダクターソリューションズ、さらに学術研究機関として、名古屋大学、東京工業大学、東京大学、名古屋工業大学、情報通信研究機構で構成されています。

本プロジェクトは、私が、親しくしている、名古屋大学教授の天野浩氏が京都大学名誉教授の赤﨑《あかさき》勇《いさむ》氏（両氏は2014年ノーベル物理学賞受賞）とともに発明した**GaN（窒化ガリウム）**の材料特性について熱く語ったことに始まります。

私は、天野氏から、シリコン領域を超える高速動作に用いる化合物半導体のなかで、GaNは、①熱伝導率が大きく放熱性に優れる、②高温での動作が可能、③電子の飽和速度が大きい、④絶縁破壊電圧が高い、などの特性について説明を受けました。

そこで、GaNの応用として、私が従来から取り組んできた5Gを持ちかけたところ、「一度、名古屋大学で開催されるGaN研究コンソーシアムで基調講演をしてほしい」という要請を受け、2016年12月14日に同講演で5Gの可能性について詳細にさせていただいたことから、総務省の研究開発プロジェクトに応募してみようという話になったのでした。

そして、2018年6月20日、本年度の6件の採択のなかでも最も注目度の高いプロジェクトとなったのでした。

GaNは、1980年代には青色発光ダイオードの素材の本命とされていたセレン化亜鉛（ZnSe）よりも特性が良いことは理論的にわかっていたのですが、良質な結晶の製造法が見つからず暗礁に乗り上げていたのでした。それを発見したのが、天野氏、赤﨑氏、中村修二氏でした。

GaNの製造法は、ノーベル賞でも評価されたように世界をリードする日本の半導体技術に基づいています。

GaNは、非常に安定して優れた特性を有する化合物半導体なので、青色発光ダイオード以外の分野でも、より多くの可能性を拓くことでしょう。今回の研究プロジェクトは、3年間で終了予定ですが、今後、世界の情報通信基盤となる5Gにおいて日本が世界をリードするチャンスが訪れることを確信しています。

私が、当プロジェクトの代表を務めますので、微力ながら日本の半導体産業、情報通信産業の発展に貢献したいと強く思っております。

市場原理の欧米、既得権益者が強い日本
――楽天の参入で競争原理が働くか

国の電波政策ということでいえば、３Ｇを導入する際、アメリカとＥＵはちょっとした失敗をしました。

１９９０年代後半に、免許取得を市場原理に委ね、**電波オークション**[※6]を導入したため、企業は免許取得に数兆円の負担がかかってしまいました。政府の財源は潤ったものの、肝心の免許を取得した企業には資金がなくなってしまったため設備投資がなかなか進まず、３Ｇの導入が遅れたのです。

日本の場合、通信業者は、ＮＴＴドコモ、ＫＤＤＩ（ａｕ）、Ｊフォン（現ソフトバンク）に決まっていたため、オークション制度を導入することはありませんでした。これに対して、オークション制度にしなかったことが免許取得を早めたと評価する声もあれば、逆に、既得権益者ばかりが肥え太ると批判する人もいます。

実際、2015年、高市早苗総務大臣のとき、携帯電話の料金が高すぎるという批判の声が高まり、携帯電話3社に実質ゼロ円の販売方法をやめ、通信料金を値下げするように是正勧告が出されたことがあります。

私も一度、ニューヨークやパリの携帯電話の通信料金がどれくらいか調べたことがありますが、日本の通信料金はたしかに安くはありませんでした。

アメリカとEUはその後も、市場原理に委ねるオークション制度のままですが、アッパーリミットを設定するなど工夫を重ねています。なぜ市場原理を大切にするかといえば、そのほうが、新規参入が増え、競争原理が働くからでしょう。

これに対して日本は、既得権益者が強く、新規参入がなかなか進まない国だといわれます。これは携帯電話に限った話ではありませんが、改良の余地があります。

2017年12月、楽天が携帯電話事業への参入を発表しました。総務省は歓迎していますが、今後、競争の加速によって通信料金が本当に下がるのか、注目したいと思います。

ＩｏＴを実現する技術革新「IP version 6」
――340澗の「モノ」に対応するＩＰアドレス

５Ｇと同様に、ＩｏＴを可能にする技術革新として**「IP version 6（以下、IPv6）」**があります。

現在、使われているＩＰアドレスは、「IP version 4（以下、IPv4）」で、アドレス空間は32ビットです。インターネットは、宛先のアドレスと送り元のアドレスを結び付けてデータを送るのですが、宛先のアドレスが32ビットですから２の32乗で、IPv4では約43億個しか識別できないのです。

70億人を超える世界の人口をカバーできないため、ＩＰアドレスが枯渇するという問題は、かなり以前から提起されていました。

いまのところ、世界のインターネット人口は世界人口の半分くらい、約35億人のため、まだＩＰアドレスは足りていましたが、ＩｏＴで「モノ」にＩＰアドレスを割り振りはじめた途端、足らなくなる可能性が急激に高まります。

これが、IPv6になると、128ビットになりますから、2の128乗。「兆」の次の「京《けい》」まではよく知られていますが、「垓《がい》」「秭《じょ》」「穣《じょう》」「溝《こう》」「澗《かん》」と続き、2の128乗は、340澗です。これだけあれば、「モノ」にIPアドレスを割り振っても枯渇することはないでしょう。

この128ビットのIPv6は、1992年頃に日本でのインターネット国際会議で初めて議論され、慶應義塾大学の村井純教授が、その中心メンバーでした。

当時は、そんなに膨大なIPアドレスが本当に必要になるのか、懐疑的な見方も多く、しばらくは様子見を続けていましたが、スマートフォンが普及し、それが人口の多いアジアやアフリカでも広まるにつれて、IPv6の実現に向けた技術革新が起こりました。この技術革新が、IoTを可能にした大きなブレークスルーの一つでした。

ドコモ、KDDI、ソフトバンクがIPv6対応に

——産業構造はめまぐるしく変わる

スマートフォンの世界的な普及が、IoTの普及を後押ししているのは間違いないでしょう。なぜなら、**スマートフォンこそIoTであり、センサーのかたまり**だからです。GPS[※7]はもちろん、ブルートゥース[※8]から、位置センサー、加速度センサーまで付いています。

5年前には予測できなかったことですが、インターネットは、世界の人口を超えて、2020年には304億のモノと接続するだろうといわれるまでになっています。

IPv6は、未来の話ではなく、現在すでに実装されており、たとえば、ウィンドウズ（Windows）やリナックス（Linux）などのOSをサポートしています。

携帯電話会社のIPv6に対応したサービスは遅れていましたが、2018年、ドコモ、KDDI、ソフトバンクの3社がそろって全機種IPv6対応のサービスを開始しました。

これも日本らしいといえるでしょう。

これまでは、IPアドレスを見て経路制御をするルーターという中継機が、v4のアドレスだけを見ていたのですが、今後は、v6のIPアドレスも見るようになります。

ちなみに、ルーターという経路制御装置で世界一を誇るのが**シスコシステムズ**です。メイドインジャパンでルーターのバックボーンをつくれるのは、**アラクサラネットワークス**だけです。この会社は、日立製作所と日本電気（NEC）の共同出資によりつくられました。ところが18年1月、日立は持ち株のすべてを投資ファンドである日本産業パートナーズ（JIP）に売却します。

日立の横浜・戸塚工場は、以前は通信機器の主力工場でした。過去にはNTT向けに1台約10億円の交換機や伝送装置などをつくっていたのですが、インターネット全盛の時代を迎え、発注量は激減します。

インターネットの時代は、ルーターが必要です。シスコシステムズやジュニパーネットワークスといった大手コンピュータネットワーク機器会社に対抗するために、「日の丸ルーター会社」として、経産省の肝入りでアラクサラをつくったものの、思うようにシェアを奪えず、とうとう日立が見切りをつけたようにも思えます。私は、アラクサラを日本の財産として応援しています。

こうした経緯を見ても、産業構造は目まぐるしく変わるものだということがわかるのではないでしょうか。

ＩｏＴ市場は約10年で4倍に
——「所有から利用へ」の流れに逆らえる企業はない

２０１７年に約６・２兆円だったＩｏＴのユーザー支出額は、５年後の22年には2倍の約12・５兆円になり、この５年間の年平均成長率（ＣＡＧＲ：Compound Annual Growth Rate）は14・９％になるという試算もあります（ＩＤＣジャパン）。私は、さらに次の5年も、同様に市場は2倍に拡大するのではないかと見ています。

つまり、**２０２７年には現在の４倍**にまで伸びるということです。

ＩｏＴの恩恵は、すべての産業に与えられると思いますが、そのためには産業のデジタル化を進める必要があり、デジタル化、コネクテッド化、ＩｏＴ化を進めた企業が、各産業で勝ち残ることになるでしょう。

もちろん、現在のビジネスモデルや既得権益を失うことをためらい、デジタル化、コネクテッド化、ＩｏＴ化を拒否する道もありうるでしょう。しかし、その道の先にバラ色の未来があるはずはありません。

たとえば、タクシー業界。ウーバーのようなライドシェアリングサービスもＩｏＴ化の一つですが、タクシー業界はこれに反対しています。ただ、現実を見ると、タクシーの実車率は50％を切るといわれ、半分以上のタクシーはお客さんを乗せずに走っているわけです。これでは、エネルギーの面でも、ドライバーの人件費の面でも、ムダといわざるをえません。

自動車自体も、平日の昼間はそのほとんどが駐車場に停まっています。これをムダと考えて「所有から利用へ」の流れをＩｏＴ化で進めれば、自動車の有効活用が進み、台数は現在の何分の1かで足りてしまうことでしょう。

こう考えると、自動車メーカーは、自動車を大量に売ることばかり考えてきましたが、今後は間違いなく必要な台数が減っていくのですから、違うビジネスモデルに変革する必要があります。それが、前述したＭａａＳで、自動車の「製造業」から自動車の「サービス業」への変革が求められています。

タクシー会社の経営者も、自動車メーカーの経営者も、現在のビジネスモデルや既得権益を失うことをためらうよりも、いかに自動車の利用時間を増やして有効活用するか、それをいかにデジタル化、コネクテッド化、ＩｏＴ化で実現するかに頭を使わなければいけないのではないでしょうか。

もちろん、これは自動車に限りません。あらゆるモノがインターネットにつながるＩｏＴ社会へと時代が進む以上、所有から利用への流れに逆らえる企業はなく、いかに世界中の企業よりも早く対応できるかが勝負を分けます。自分たちのビジネスモデルを**「ユーザー目線」**で考え直す必要に迫られているのです。

売ったあともサービスを提供し続けるＧＥ
――めざすは「製造業のサービス化」

では、グローバル企業に対抗するために、日本企業がとるべき戦略として、どんなことが考えられるでしょうか。

私は、製造業に関していえば、モノをつくって売るだけではなく、**サービスも行なうビジネスモデルへと変えていく**ことが解の一つになるだろうと考えています。

GE（ゼネラル・エレクトリック）を例に挙げて具体的に説明してみます。GEが航空機のジェットエンジン分野で行なう「製造業のサービス化」を参考にすると、自社のビジネスモデルを変革するヒントが得られるかもしれません。

GEのジェットエンジンは、航空会社の飛行機に組み込まれたあとでも、エンジンの状態、部品の状態がＩｏＴによってGEのセンターで把握できるようになっています。だから、故障する前に部品交換のメッセージを出したり、エンジンの燃焼効率のデータから燃料を節約できる航路を航空会社に提案したりといったサービスをビジネスにすることができました。

ボーイングとエアバスにエンジンを売ったらおしまいだったビジネスを、つくって売ったあとも、市場でどう使われているのかをＩｏＴによって情報を集めて蓄積し、それを継続的なサービスに活用してビジネスを行なっているのです。

そのために重要なのが、使われるシーンをあらかじめ想定してＩｏＴを効率的に製品に組み込んでおくことです。製造の段階で、どれだけユーザー目線で顧客が喜ぶ多種多様なサービスを想定できているかがカギを握るのではないでしょうか。

製造業は、製品をつくって売るだけというビジネスモデルから、売ったあとも顧客と密接につながり、顧客のためのサービスを提供し続ける事業構造に変革することがＩｏＴ時代に生き残る方法の一つであり、ＧＥの売上のじつに約４分の３が、こうしたサービスによるものであることが、その可能性の大きさを示していると私は考えています。

経団連に加盟する企業の約半数は、製造業です。日本のＧＤＰの２割弱を占めるに過ぎない製造業がいまだに半数もあるのですから、**経団連が製造業のサービス化を主導すれば、日本の製造業のデジタルトランスフォーメーションが進む**のではないでしょうか。

コマツはなぜサービス化に成功したか?
——思いもよらぬことがIoT化につながる

製造業でサービス化に成功した日本企業が、建設機械メーカーの**コマツ(小松製作所)**です。コマツの建設機械が、なぜコネクテッド建設機械になったかというと、最初は防犯のためだったのです。

一時期、コマツのブルドーザーやパワーショベルなどの建設機械が、建設現場から盗まれ、犯人がそれらの建設機械を使ってATMを壊し、現金を盗むという犯罪が多発しました。このとき、コマツは警察庁から建設現場から建設機械が盗まれないよう防犯対策をとるよう求められたのです。

そこでコマツは、建設機械にGPSを付けることにしました。GPSを付けておけば、少なくともその建設機械がどこにあるかを把握できるようになるからです。ただし、これによって建設機械のコストが上昇したこともあり、コマツは赤字に転落してしまいます。

しかし、企業の社会的責任としてGPSを付け続け、インターネットにもつながる**コネクテッド建設機械**に改良することでメンテナンスサービスを始めたのです。

定期点検ではすべての部品の点検を行なう必要があり、なかには無駄な点検もあったのですが、コネクテッド建設機械になったため、オンラインでリアルタイムのメンテナンスサービスができるようになり、不必要なメンテナンスが効率化され、結果的に利益を出すことができました。

思いもよらぬことが建設機械のIoT化につながった一例といえるでしょう。「禍《わざわい》を転じて福と為し、敗に因りて功を為す」といいますが、そのためには、やはり運だけではだめで、知恵が必要になります。

コマツのようなビジネスモデルの転換を、製造業各社ができればいいわけです。

日本の製造業は富士フイルムをめざせ
――技術革新の転換期に求められる経営判断

製造業のサービス化の原点は、印刷機器の製造販売大手の**ゼロックス**です。ゼロックスのコピー機には、カウンターが付いています。これを見れば、コピーした枚数を把握できます。コピー機は売らずにリースにして、その代わり月々課金を行なうメンテナンスサービスに力を入れています。

普通紙コピーのハードウェアの発明以上に価値あるビジネスモデルといえます。このビジネスを真似したのが、キヤノンであり、リコーなのはいうまでもありません。

2018年1月、そのゼロックスとの経営統合を発表したのが、**富士フイルムホールディングス**です。富士フイルムも、アナログのフィルムからデジタルカメラになって、既得権益がいっぺんになくなりました。コダックも同じでしたが、この産業構造の変わり目、技術革新の転換期の経営判断は、180度違ったものでした。

日本の企業、なかでも製造業は、現在、このときの富士フイルムと同じ状況にあると考えるべきで、ビジネスモデル、ビジネスの構造を変える必要に迫られており、生き残るためには変革が待ったなしの状況なのです。

製造ラインのＩｏＴに熱心なトヨタ
――ＩｏＴを使ってより高いレベルに「ＫＡＩＺＥＮ」する

製造業は、サービス化を進める必要があると同時に、本来の製造の現場である工場のＩｏＴ化も進める必要があるでしょう。

製造ラインでＩｏＴを活用する目的は大きくは２つあります。それは、**効率化によるコスト削減と品質向上**。製造ラインのさまざまなところにセンサーを設置して計測し、そのデータを分析することで、たとえば、「Ａパターンの方法より、Ｂパターンの方法のほうが、不良率が０・５％下がる」といったことがわかってきます。

計測データにより、製造方法とその結果の相関関係を見つけ出し、不良率を低減したり、スピードアップを図ったり、品質を高めたりすることができるのです。ＩｏＴというのはある種のセンサーネットワークですので、いままで認識できていなかった製造ラインの相関関係を抽出することで、効率化によるコスト削減と品質向上が可能となります。

効率化によるコスト削減と品質向上を、ＩｏＴでいかに実現するか。コストを下げて品質が上がれば売上が堅調となり、利益率も高まります。そのために、センサー、インターネット、蓄積データなどをどう使うかが問われています。

トヨタ自動車グループは、こうした製造ラインにおけるＩｏＴの活用に非常に熱心です。ドイツの「インダストリー４・０」の内容をよく読むと、ローマ字で**「KAIZEN」**と書いてあります。

２０１７年６月に福岡で、オランダに本部があるＩＣＣＡ（International Congress and Convention Association、国際会議協会）が主催する国際会議があり、そこで私は基調講演を行なったのですが、そのときのテーマが、やはり「ＫＡＩＺＥＮ」でした。

なぜ「ＫＡＩＺＥＮ」なのか。いろいろと調べてみたところ、海外の生産者はトヨタ生産方式への関心が高いことがわかりました。やはり、トヨタ生産方式は、世界の製造業のバイブルなのです。

ドイツは合理性の高い国ですから、いいものは日本のものでも真似をして取り入れようということで、トヨタ生産方式を徹底的に勉強しています。しかも、ＩｏＴを使ってより高いレベルに「ＫＡＩＺＥＮ」しようというのが、インダストリー4・0なのです。トヨタ生産方式が世界のものづくりのスタンダードであり、今後はＩｏＴでそれをさらに「ＫＡＩＺＥＮ」する。それが、世界の製造業がしのぎを削る競争の中身なのです。トヨタはいわば、ディフェンディングチャンピオンとして、この先ものづくりの王座を守れるかが問われているわけで、それがわかっているからこそ、トヨタ自動車グループは、製造ラインのＩｏＴ化とコネクテッドカーの開発に非常に熱心なのでしょう。

オープンにするか、それともクローズドか
――「秘密主義」では、真のＩｏＴ活用は実現しない

そのトヨタも、以前は非常に保守的でした。「ＩｏＴの時代が来る。だからいち早くＩｏＴ化を進めているけれど、詳細については外部には出せない」という態度でした。

しかし、インターネットは、「ネットワークを結ぶネットワーク」だから、インターネットと呼ぶのです。国と国をつないだらインターナショナルになるのと同じです（1国だ

けならナショナルです)。

個々に閉じたネットワークがいくつもあり、他のネットワークにつながらないことが問題となり、それらを全部つなげましょうということでできたのがインターネットなのです。

つまり、工場内だけ、1社だけの閉じたIoTというのはありえず、それは、イントラネットワーク・オブ・シングスに過ぎません。クローズな環境でのIoTでは、その効力を十分に発揮できず、工場で計測したデータを協力会社や取引先にも公開し、多種多様な生産システムとの連携を図っていくのが、インターネットを使ったIoTなのです。

この考え方が非常に重要にもかかわらず、意外とみなさんわかっていない。1社だけの**「秘密(クローズ)主義」では、真のIoT活用は実現しません。**

たとえば、マイクロソフトとグーグルでは、考え方が全然違います。マイクロソフトのソフトウェアのソースコードは「秘密」ですが、他方、グーグルはほとんどオープンで、社内の撮影も自由。何もクローズにしていません。

グーグルは、インターネット企業ですが、マイクロソフトは少し違います。アマゾンはインターネット企業でしょう。企業も生まれた時代によって違うのです。

もちろん、経営のあり方も、過去の秘密主義の時代と、インターネットというオープンネットワークの時代で違うのが当然です。

ではなぜ情報をオープンにするほうがいいのかといえば、そのほうがより多くの情報が集まるからです。情報は、情報を発信するところに集まる性質があります。

情報を発信しないで、受信ばかりしている企業には、いずれ情報が集まらなくなります。それは当然で、**情報をくれない人に情報をあげる人は少ない**からです。

ところが、日本企業の多くは、「他社を含めて情報をたくさん集めろ」と指示を出す一方で、自分たちの情報は外部に出さないような取り組みをしています。しかし、それは本来、おかしなことだと思います。

こうした日本企業の典型例が、1982年に起きた**IBM産業スパイ事件**です。日本のメーカーの社員がアメリカIBMの機密情報を盗み出し、IBMのOS（オペレーティングシステム）のコピーをつくっていたとされました。

しかも、それが、通商産業省（当時）の補助金を使った大型コンピュータの開発・研究だったことを考えると、国家ぐるみで産業スパイをやっていたともいえるわけで、日本も中国のことをあまり悪くはいえないのです。

自分たちのことは秘密にしておいて、うまくいっている企業の情報を盗むというのはアンフェアであり、そうではないにしても、欧米企業のやり方や製品の真似をして、欧米企業をキャッチアップして成長してきた日本企業は少なくないでしょう。

そのためか、いまだに秘密主義で自分たちの情報を自ら発信しない企業が多いのが、残念ながら日本企業の現状です。

生産現場は「クラウド」ではなく「エッジ」
――現場をリアルタイムにコントロール

製造現場における工場のＩｏＴ化に話を戻しましょう。

センサーなどを使って集めてきたデータをどこに置き、どこでデータ処理を行なうかといえば、まずはクラウド上でしょう。通常は、クラウドにデータを集め、クラウドのインテリジェンスを使ってデータ分析を行ないます。

「クラウドコンピューティング（Cloud Computing）」という言葉がありますが、これはユーザーのコンピュータから情報を入力し、それらの情報をクラウドにあげて集約し、統計処理や分析などのサービスを行なうことを意味しています。

人間相手の場合は、これで事足りたのですが、工場のＩｏＴではクラウドで判断していたのでは追いつかないケースが出てきます。たとえば、「10ミリ秒後に、ある場所の制御をしろ」といったリアルタイム性が工場システムには必要だからです。

このため、クラウドコンピューティングは、工場の生産工程の計測制御システムとしては、そのままでは使えないのです。

そこで登場したのが、**「エッジコンピューティング（Edge Computing）」**です。エッジとは端のことで、工場などの現場にコンピュータを置き、そのコンピュータでデータ処理を行なうことで現場をリアルタイムにコントロールできます。クラウドコンピューティングよりも通信遅延を１００分の1程度にすることができるため、極限までリアルタイム性を高められるのです。

シスコシステムズは、エッジコンピューティングとはいわず、**「フォグコンピューティング（Fog Computing）」**と呼んでいますが、基本的な仕組みは同じです。フォグは霧のことで、クラウドの雲よりもユーザーに近いという意味のようです。

アマゾンやグーグルは生産工場とは縁遠いので、クラウドコンピューティングまでしか手掛けていません。

日本企業では、生産制御用コンピュータシステムをつくってきた日立をはじめ、三菱電機や東芝が「うちの出番だ」といって、エッジコンピューティングを手掛け始めています。

この分野は、世界的に見ても、日本企業が注力すべきでしょう。

IoTシステムはいつ導入されるか
——地方の工場は2030年頃に本格化

日本の地方には、中小企業の工場がまだ多く残っていますが、今後、こうした中小企業が生き残るためには、IoT化が必須となるでしょう。なぜなら、働き手が減り、人手不足がさらに深刻になるからです。

いま人間がやっていることを、いかにコンピュータに置き換えていくかという発想で、ＩｏＴ化を進めていく必要があります。また、データ処理によっていままでわからなかった相関関係を見出すことを同時に考えていくことも大事になるでしょう。

できるだけ少ない人数で生産性を上げることが、経営的には重要になります。ＩｏＴによって、人件費を減らし、生産工程を簡略化し、コストダウンを図るとともに、データの中から何らかの相関関係を見つけ出して品質向上につなげる。こうしたことは、大企業でも中小企業でも同じです

そこでネックになるのが、**ＩｏＴ化するためのコスト**です。大企業には資金力があり、ＩｏＴ化を進めるための研究開発部門も設置されている一方で、多くの中小企業には資金力も、研究開発部門もありません。

私がＩＢＭに在籍していた頃の話ですが、コンピュータシステムを買ってくれたのは、トヨタ自動車や松下電器産業（現パナソニック）など大企業ばかりで、価格が高すぎて中小企業は買えませんでした。

エッジコンピューティングのシステムを手掛ける大手電機メーカーに依頼すれば、少なくとも数億円規模の資金が必要となるでしょう。中小企業にはとても手が出ない金額で

す。

技術の進歩にともない、いずれは、何百万円かでＩｏＴシステムを導入できる日も来ると思いますが、それが始まるのは２０２５年ぐらい、本格化するのは２０３０年以降になるかもしれません。

大企業の工場はもっと早く、２０２０年からはＩｏＴシステムを導入した工場へのリニューアルが始まると見ています。

物流の人手不足はＩｏＴで解消できる
――不在による再配達から、コンビニ受取が定番に

人手不足をＩｏＴで解消するという視点からは、物流も期待されている分野です。

以前は、ＩＣタグを荷物につけることで流通経路を記録し、物流管理能力を高めて効率化しようとしたのですが、それほど普及しませんでした。ＩＣタグの電波は到達距離が短く、数十センチメートルだったため、結局、うまく活用できなかったのだと思います。

このため、ＩＣタグに使われていた周波数帯はあまり使われていないということで、電波の再配置の対象になり、現在は、先述したプラチナバンドと呼ばれる４Ｇの携帯電話と同じ周波数帯に割り当てられています。

ＩＣタグではうまくいきませんでしたが、ＩｏＴになれば、通信能力が高まり、顧客にとっても物流会社にとっても、利便性の高い仕組みをつくれるようになると期待しています。

現在は輸送中の荷物がどこにあるか、正確にはわからず、「Ａ物流センターとＢ集配所のあいだを輸送中」といった程度です。これがリアルタイムで正確にわかるようになれば、輸送経路の途中にあるコンビニを指定して、荷物を受け取るといったことができるようになるかもしれません。

ＩｏＴを使った行き先別自動仕分けシステムが開発されれば、物流センターの仕事を合理化することができますし、人間ではなく機械が働くのですから、深夜や早朝に仕分け作業もできます。

また、宅配における最大のロスは、不在による再配達ですが、受け取る人と荷物の両方がインターネットにつながっていれば、１００％受け渡しする仕組みができるはずです。

ヤマト運輸は、ディー・エヌ・エー（DeNA）と組んで、2017年4月から18年6月まで「ロボネコヤマト」という自動運転車両を用いた次世代物流サービスの実用実験を行ないました。

これが配送員の人手不足解消をめざすものだとしたら、長距離ドライバーの人手不足を解消するために2018年中に実証実験が予定されているのが「**後続無人隊列走行**」です。これは、トラック3台程度が隊列を組み、先頭のトラックは人間が運転しますが、2台目、3台目は無人運転にするという仕組みで、国土交通省が主導しています。

現在の物流は、多くの人の手が必要とされているため人手不足が深刻なのですが、知恵を絞れば、ＩｏＴによって代替できるシステムをつくることは可能です。答えは一つではなく、複数あると思います。答えを見つけるためには、実証実験というトライ＆エラーを繰り返すことが重要です。

自動運転はＡＩよりもＩｏＴがカギになる
――Ｖ２Ｘ開発の先進企業オートトークスとは

自動運転は、世界各地で実証実験が行なわれていますが、グーグルやウーバー、テスラ（Tesla）が過失事故を起こしてしまいました。これらの事故を分析して判明したのが、ＡＩの限界、**ディープラーニング（深層学習）**の限界です。

ＡＩやディープラーニングについては次章で詳しく述べますが、ディープラーニングというのは、とにかく経験をどんどん積み、蓄積データ量を増やすことで確度を上げていくアルゴリズムです。

これは、囲碁の世界最強と称された李世乭《イセドル》に４勝１敗した「アルファ碁」も同じです。このときの「１敗」が問題で、定石《じょうせき》にない予期せぬ手を李棋士が打ったため、ディープラーニングのアルゴリズムが破綻《はたん》してアルファ碁が負けました。つまり、経験のないパターンを打たれるとコンピュータは弱かったということです。

同様に、道路に予期せぬ動きをする人間や動物などがいるとき、自動運転車の事故が起きてしまうのですが、一般道路には、予期せぬ動きをする人間や動物がいるのが普通です。

そこで俄然、注目を集めているのが**「V2X」**という技術です。Vは〝車(Vehicle)〟で、2は〝to〟、Xは〝VやR(Roadside=道路)〟のことで、それぞれ車と車の通信を行なう「V2V(Vehicle to Vehicle)」と、車と道路の通信を行なう「V2R(Vehicle to Roadside)」と表します。V2Xは、車車間通信と車路間通信などの技術のことです。

V2Vは、主に衝突防止のためです。ブラインド(死角)になっていて、見通しの悪い交差点であっても、左右から来る車を事前に察知して「車が近づいています」と運転手に知らせることで衝突を防ぐという技術です。

自動運転の場合は、車と車がお互いに通信することで、それぞれが減速することになり、交差点での衝突事故を防止できます。

V2Rは、車と左右の道路との距離をセンサーで測り、進行方向を制御することで安全運転を実現する技術です。急カーブなどで、側壁にぶつかったり、対向車線にはみ出したりするのを防ぎます。

Ｖ２Ｘは、自動運転の要素技術であり、より安全性を高める技術なのですが、こうした車車間通信や車路間通信を使った物理的に正確な計測による自動運転のほうが、**経験値で予測をするＡＩに運転を任せるよりも安全性が高い**のではないかといわれ始めているのです。

つまり、自動運転技術では、ＡＩよりも計測技術のほうが重要になってきている、ということです。

このＶ２Ｘの技術開発の先進企業の一つが、イスラエルの車載部品ベンチャーである**オートトークス（Autotalks）**という会社で、だいぶ前から日本に進出しています。神奈川県相模原市に日本事務所があり、愛知県名古屋市にもあります。

名古屋といえばトヨタで、トヨタ系のファンドから出資を受けており、トヨタに自動車部品を納めるデンソーが、オートトークスの技術を採用し、同社は電子計測器などをつくる**アンリツ**の技術も採用しています。

グーグルの渋滞情報が優れている理由
――ライドシェアも効率化、高度化する

現在の**道路交通情報通信システム（Vehicle Information and Communication System、以下、VICS）**は、高い位置に設置してある電波ビーコンから電波を落とし、その反射を見て車があるかないかを判断するシステムです。カーナビゲーションなどに取り入れられており、渋滞情報や所要時間予測、駐車場の空車状況などの情報を提供しています。

このため、スーパーなどの駐車場に入るために並んでいる車列を渋滞と判断してしまうエラーも多々ありました。ただ、統計処理をすれば、こうしたノイズは徐々に減らして正確な情報に絞ることができます。

このVICSですでに道路の計測システムは実績がありますから、その機能を拡張し、性能を強化していけば、V2Xの確度を高めることもできるでしょう。

ちなみに、グーグルの渋滞情報は優れていて、ＶＩＣＳを使わず、携帯電話のＧＰＳ情報をアンドロイド（モバイル機器のＯＳ）を通して集め、移動速度を分析します。自動車なのか、歩いているのかを区別し、自動車の情報に絞ってから移動速度の遅い場所を「渋滞」として特定するという方法です。

私たちがもっている携帯電話のＧＰＳ情報を活用するというのは賢いやり方で、この方法であれば、道路に設備がいりません。インフラ整備にはお金がかかりますので、渋滞情報についてはグーグル方式のほうが増えています。

また、自動車とＩｏＴの関係性でいえば、ウーバーが先陣を切ったライドシェアサービスがＩｏＴによってますます広まることが予想できます。

日本は規制があるため、ライドシェアサービスがまだ根付いていませんが、自動車がインターネットにつながり、位置情報などをリアルタイムで発信するようになれば、乗りたい人と乗せたい車を瞬時に地図上にマッピングできます。

現在も、ニューヨークなどのライドシェアサービス先進地では、10分も待たずに呼んだ車が配車されるといわれていますが、その待ち時間は今後さらに短縮できるかもしれません。

自動運転の安全性向上や、ライドシェアサービスの効率化、高度化にＩｏＴが寄与することは論を俟《ま》たないでしょう。

建設現場の事故を未然に防ぐネットワーク管理
――安全性だけでなく、工期短縮によるコストダウンも可能

自動運転は、自動車よりも建設機械のほうが先に実用化するでしょう。なぜなら、道路交通法の制約がありませんし、予期せぬ動きをする人間や動物は建設現場に入れないからです。

コネクテッド建設機械で先行するコマツは、自動運転や遠隔運転についても研究開発を進めており、これらの分野でも先行しています。

また、建設機械だけでなく、建設資材にも一つ一つ通信機器を取り付け、現場がどういう状態にあるかをリアルタイムで管理することで、作業員などの安全性を高める取り組みも始まっています。以前、建設現場で高所から資材が落下して人が死亡した事故がありましたが、こうした事故を未然に防ぐことが可能になるのです。

建設現場をＩｏＴによってネットワーク管理することができれば、作業が効率化されてスピードアップし、工期を短縮することもできます。

安全性だけでなく、工期短縮によるコストダウンも可能となるのです。

さらにいうと、建設資材や建設物の老朽化対策もできるようになるかもしれません。中央自動車道の笹子《ささご》トンネルで天井板が落下する事故が起きましたが、あらかじめセンサーや通信機器を取り付けておくことで、現状をリアルタイムで把握できれば、劣化や老朽化した箇所がわかり、メンテナンスに活用できます。

ＧＥが飛行機のエンジンをつくる段階で部品までＩｏＴにして、メンテナンスビジネスを行なっているのと同様に、**建設時にメンテナンスを見越したＩｏＴ資材、ＩｏＴ建設物**に規格統一すれば、安全性が格段に高まるだけでなく、その後のメンテナンスビジネスを行なうことも可能になるでしょう。

クボタが取り組む農業のＩｏＴ
——営農支援で「儲かる農業」の実現へ

農業も高齢化と人手不足が危惧されている産業の一つです。農林水産省の２０１３年度の農業構造動態調査によれば、農業従事者の約6割を65歳以上が占めています。

市場調査会社のシード・プランニングの２０１６年の調査では、農業のＩＴ化市場の規模は、15年は約１６５億円でしたが、**20年には約４・５倍の約７３２億円になる**と予測されています。

農業分野のＩｏＴで先行しているのは農業機械メーカーの**クボタ**です。クボタは、規模を拡大したい生産者のために、**「KSAS（KUBOTA Smart Agri System）」**という営農支援システムを始めています。

コネクテッド農業機械を活用して、位置情報や作業情報、肥料制御、作物の育成状況、収穫、栽培履歴などの情報をＫＳＡＳのサーバに集め、日々の作業を「見える化」するとともに、クボタがそれらの情報を分析し、農業機械のメンテナンスはもちろん、作業計画の立案や何を栽培するかの栽培提案などを行なっています。

日本の農業の大きな問題の一つが、大規模化が進まないことです。この問題をＩｏＴによって解決し、大規模農家が増えてくれば、国内需要を満たすだけでなく、海外に輸出することもできるようになるでしょう。この先にあるのは、**「儲かる農業」**の実現です。

クボタは、農業機械メーカーですから、当然、農業に詳しく、顧客ベースもあり、生産者がどんな情報を必要としているのか、儲かる農業にするためにはどんな情報が大切になるかといったことに精通しています。

その一方で、ＩＴベンダーが農業分野に進出している例もありますが、私はそれほど期待していません。やはり、建設現場や農作物の生産現場など、現場をよく知る企業であり、**専門機械メーカーであるコマツやクボタがＩｏＴを進めるほうが成功確率は格段に高い**と思うからです。

もちろん、情報通信産業がいろいろな産業分野に参入していくという流れはありますが、専門機械メーカーのサービス化、製造業のサービス化のほうが、ＩｏＴの本質を突いていると考えます。

そのクボタのビジネスモデルも、将来的には、農業経営を支援する「営農支援システム」というサービスまで販売する方向に変わっていくと考えられます。農業機械を売るだけよりも、継続的なサービスをプラスアルファすることで収益基盤も拡大するでしょう。

電子カルテの標準化は待ったなし
――遠隔医療システムは現実になるか

医療や介護の現場も、すでに人手不足が深刻で、過酷な労働下にある医師や看護師、介護士が多くいます。地方の医師不足も大きな問題です。他方、医学部の定員を増やしたために、都市部の医師余りが懸念されています。

これらの問題を解決するために、身近な診療所や介護施設と、各地の中核病院、長期療養病院などが、それぞれの機能に特化し、医師不足の地域であっても、中核病院と診療所がＩｏＴを活用して連携するといった**遠隔医療システム**の実現をめざしています。

ただし、連携のカギとなる電子カルテの標準化が日本は遅れています。

私たちは、病院ごとに診察カードをもっていますが、私がeガバメント[※9]の調査を行なったオーストリアでは、診察カードは一人1枚。外科、内科、歯科など、どこの病院でもこの診察カードで受診でき、そのカードで、診察履歴や検査履歴、薬の履歴などを管理していました。

日本では、病院を替えるごとに再検査しますが、そうしたムダがありません。これは患者や医師の負担を減らすとともに、医療費の削減にもなります。

患者のデータの保有者は、日本では医師であり病院なのですが、EUでは患者なのです。これは根本的な考え方の違いでしょう。自分のデータを他者に管理される日本と、自分のデータは自分で管理するEU。患者より医師が偉い日本と、医師より患者が偉いEU。正反対であり、ここに**電子カルテの標準化が進まない問題**の根本が潜んでいるように思います。

アメリカは、国民皆保険制度が完備されていないので、一部の富裕層はEU型ですが、庶民は日本型でしょうか。

日本は、年々、医療費が増大しており、財政は火の車です。医療費の削減は待ったなしですから、病院ごとにもっている患者のデータを標準化した電子カルテに集約することで、ＥＵ型の遠隔医療システムを導入し、一刻も早く医療費の削減を実現する必要があります。

病院のＩｏＴ化の先進事例としては、７６０床の都市型中核病院である**国立病院機構東京医療センター**があります。東京医療センターでは、インターネットを使った病院情報システムとして、電子カルテシステムと医療用画像管理システム**「PACS（Picture Archiving and Communication System）」**が導入されています。

この仕組みをつくったのは、松本純夫氏ですが、松本氏は東京医療センターの名誉院長であり、慶應義塾大学湘南藤沢キャンパス（ＳＦＣ）に、２０１７年11月に設立された**湘南慶育病院**の開設にも尽力しました。この病院の目的が、遠隔医療の実用化なのです。

しかし、やはり既得権益者がおり、さまざまな規制が行く手をさえぎっているようです。ここでも、規制緩和のために、既得権益者との闘いが繰り広げられています。

健康寿命をいかに延ばすか
——ＩｏＴで糖尿病や高血圧症、動脈硬化を予防

この遠隔医療システムとともに、もう一つ大事なのが、健康寿命をいかに延ばすか、健康長寿社会をどうやって実現するかということです。

病気になってからの「治療する医療」ではなく、病気になる前の**「予防する医療」**を重視し、病気にならないようにするためのさまざまな健康サービスをＩｏＴで実現できるのではないでしょうか。

端的にいえば、日頃の健康管理をＩｏＴで行なうことで、糖尿病や高血圧症、動脈硬化などの生活習慣病になりにくい体質にします。

まだそれほど普及してはいませんが、**スマートウォッチ**[※10]のなかには、心拍数や血圧を測れるだけでなく、歩数や移動距離、消費カロリーなどの計測機能を備えたものがすでに発売されています。

また、料理の写真を撮影するだけでカロリーや栄養素を自動で測定し、記録してくれるスマートフォンのアプリもあります。

無理なく毎日の健康管理ができ、より高性能のこうしたＩｏＴ機器が開発されれば、健康寿命を延ばすことに貢献することでしょう。そのねらいは健康長寿社会の実現です。病気にならないような食事や生活習慣、健康管理を無理なく行なえるようなＩｏＴサービスがいろいろ出てくることを期待しています。

個人が健康で長生きできるようになるだけでなく、医療費の削減にもつながりますから、国の財政を考えるうえでも重要なサービスです。

新たな産業「健康サービス業」
――元Ｊリーガーが着目した「うんち」×テクノロジー

私は一つ、ある医療ベンチャーを応援しています。それは、浦和レッズで活躍した鈴木啓太さんが立ち上げた**ＡＵＢ（オーブ）**で、アスリートの**「うんちバンク」**をつくろうという事業です。

目的は、アスリートが怪我をしたときの復帰までの時間短縮であり、選手寿命をできる限り延ばすためです。ゆくゆくは、一般の人向けにも同じサービスを提供したいと考えているのですが、なぜアスリートから始めたかといえば、やはり鈴木さん自身、怪我が多かったことと、選手によって完治して復帰するまでのスピードがかなり違うこと、それらが選手生命に大きく影響することを目の前で見てきたからということでした。

ちなみに、〝野人〟と呼ばれた岡野雅行さんは、怪我からの復帰が早かったとのこと。

1日も欠かさず血液検査を行なうのは大変ですが、うんちは、毎日排出されますし、科学的にも健康管理に適していることがわかっており、アスリートは一般の人に比べて食事を含めた健康管理を厳密に行なっているため、有益な相関関係を見つけやすいそうです。

具体的にどういうテクノロジーや機器を使って「うんちバンク」をつくるのかはこれからということですが、おもしろい目のつけどころだと思います。

このような「健康サービス業」という新たな産業の誕生は非常に大きな産業になるのではないでしょうか。医療費にお金を使うよりも、健康サービスにお金を使いたい人のほうが圧倒的に多いことは間違いないからです。

人生100年時代ともいわれていますが、長く生きられても健康でなくては人生を楽しむことができません。日本はもちろん、先進国には、健康サービスという大きなニーズが眠っています。

グーグル、アマゾンがねらうスマートハウス産業
――オールジャパンで迎え撃て

健康サービス業は、今後、日本企業が活躍できる産業だと思いますが、もう一つ有望な産業を挙げるとしたら、**スマートハウス産業**です。

スマートハウスとは、IoTやAIによって、家電やエネルギーなどが効率よくコントロールされ、住んでいる人にとって利便性が高く、快適な生活を送れる家のことですが、このスマートハウス実現の主導権をどこが握るのかは、まだわかりません。

経済産業省が警戒しているのは、グーグルやアマゾンのスマートスピーカー。AIスピ

ーカーとも呼ばれていますが、この進化系がスマートハウスの中核（ハブ）を担う機器になるのではないかと経産省は懸念しています。

アップルは、スマートフォンを中核機器にしたスマートハウスを構想していますし、**パナソニック**や**サムスン電子**は、ＩｏＴ家電によるスマートハウスの実現を考えています。

もちろん、**大和ハウス**といった住宅メーカーもスマートハウスの実現に向けた取り組みを行なっています。

これまでもスマートハウスへの取り組みは各企業で行なわれてきましたが、成功例は多くありません。その理由はいくつもあると思いますが、一つは、省エネ機能ばかりに注力し、消費者の利便性や快適性についてはあまり実現できておらず、そのためスマートハウスに住みたいと思わせるだけの消費者側の購入メリットが乏しかったからではないでしょうか。

しかし、今後は、ＩｏＴとＡＩによって、電気やガスなどのエネルギーの効率化はもちろん、住む人の利便性と快適性が実現されていくことになるでしょう。スマートハウス市場でも、**最も「ユーザー目線」で考えたサービスを提供できる企業が覇権を握る**はずです。

私が関与しているのは、東京大学生産技術研究所（以下、生研）のＩｏＴ特別研究会（ＲＣ88）です。リーダーは野城智也《やしろともなり》教授で、この研究会では、駒場キャンパス内の実験住宅**「COMMA（COMfort MAnagement）ハウス」**を使って、エネルギーをコントロールするスマートメーターなどの実験が行なわれています。

私は、一般財団法人インターネット協会のＩｏＴ推進委員会の委員長でもあるので、インターネット業界を巻き込んだ形で進めていますが、研究会には、電力会社、ガス会社、ガス器具メーカー、家電メーカー、通信サービス会社など、多士済々の企業が集まっています。

スマートハウスは、スマートハウス産業になりうるでしょう。家庭の頭脳となる中核機器が何になるか、主導権をどの企業が握るかはまだこれからですが、少なくとも日本におけるスマートハウスは、日本企業が主導権を握りたい。

そのためには、競争しつつも連携してオールジャパンで取り組み、日本の総合力を発揮すべきなのかもしれません。

宇宙とＩｏＴの深い関係
――人工衛星を使った「リモートセンシング」がビジネスを広げる

家のなかをＩｏＴにするのがスマートハウスなら、街全体をＩｏＴにしようというのが**スマートシティ**[※11]です。スマートシティになると、企業よりも国や地方自治体が主導することになるでしょう。

私は、総務省の電波に関する委員会のメンバーですが、これは旧郵政省系で、もう一方の旧自治省系では、コンパクトシティの推進を提唱しています。コンパクトシティは、地方の過疎化が進むなかで、道路などのインフラを含めた行政維持コストを減らすために、街全体をコンパクトに集中化しようという取り組みです。

こうしたことからか、私が所属する委員会では**「サイバーコンパクトシティ」**という言葉が使われています。

インフラのＩｏＴを進めるべき役所の代表格は、道路や河川、港湾などを管理している国土交通省でしょう。あらゆる場所にセンサーを取り付け、道路の路面の状態や橋の状態、交通量などのデータを収集・分析し、維持管理の効率化を図ることが、今後、求められてくることは間違いありません。

また、こうして集めたビッグデータをどこまで一般に公開するのか、オープンデータとして出すかも議論が始まっています。私は、インターネットの本質の一つは、オープンだと思っていますので、できるだけオープンにして企業などが自由に使えるようにしてほしいと考えています。

公的機関ということでは、**宇宙航空研究開発機構（JAXA）**もIoTと深い関係があります。

日本の人工衛星のほとんどは国が所有しており、企業では、私が社外取締役を務める**スカパーJSAT**ぐらいでしょう。そのスカパーJSATの最大の顧客は防衛省です。2018年4月には、防衛省向けの通信衛星「きらめき1号」と、国内向けに通信サービスを提供する自社衛星「Superbird-8」の打ち上げ成功を発表しました。

人工衛星を使った技術に**「リモートセンシング（Remote Sensing）」**があります。私が理事を務めている一般社団法人リモート・センシング技術センター（ＲＥＳＴＥＣ）が中核となるリモートセンシングは、簡単にいえば、人工衛星から地球を観測する技術で、いくつかのジャンルがありますが、気象情報や土壌情報が比較的有名です。

リモートセンシングによって集められたデータを分析することで、農作物がどれぐらい収穫できそうかといった予測ができます。こうしたデータをオープン化して誰に販売するかも議論されており、たとえば、保険会社に売ると、新たな形の農業保険が生まれるかもしれません。

この宇宙からのリモートセンシングのデータと、地球上のＩｏＴのデータを組み合わせることで、さらにいろいろなサービスを提供することができるようになる可能性があり、この分野も非常に注目されています。

ＧＰＳは、アメリカの人工衛星からの信号を操作・分析すれば自分がどこにいるかがわかるというものですが、日本も２０１７年に「みちびき」衛星の2号機、３号機、４号機の打ち上げに成功し、４機体制で日本の測位衛星システムのサービスを開始しています。「みちびき」は、準天頂衛星システムと呼ばれる人工衛星で、日本の上空を中心に飛んでいます。このシステムを使うと、これまでは数メートル単位だったのが、数センチ単位まで精度が高まるという優れものです。

これ以外にも、オープン化できるようなデータをとれる人工衛星が日本にはいくつかあり、こうした宇宙からのデータと地球上のIoTによるデータを組み合わせていままでになかったサービスを行なうことができるようになるでしょう。

日本は国際標準化の事務局の座を担え
――アメリカと中国の協力のもとイニシアティブを握る

経済産業省と総務省に呼ばれて、東大の生研のメンバーや各企業の担当者などと、IoTの国内の標準化について話し合う機会があります。そこでは、**ウェブAPI**[※12]などを決め、どういう仕様にしてオープンスタンダードにするかを決めています。

標準化でき、標準に準拠したら、準拠した企業が競争原理で競い合うことになります。そのためのルールづくりで、どこか特定の企業の方式を担ぐということではありません。

過去に、動画や音声圧縮方式、ファイルフォーマットなどのＭＰＥＧ（Moving Picture Experts Group）の標準化にも私は参加したので、そのときのことも思い出しながらやっています。

同様に、**ＩｏＴの国際標準化**というのも非常に大事だと考えています。

中国国務院の研究所で金融のＩＴ化、フィンテックを研究している人と話す機会があったとき、「今度のＩｏＴやＡＩについて何が重要だと思いますか」と聞かれたので、国際標準化こそが重要だと答えました。

なぜなら、どこか特定の企業の方式が事実上の標準になってしまうと、その独占企業が価格コントロール権を握ってしまい、消費者メリットが出なくなってしまうからです。

だから、国際標準化を行なって、標準はオープンにし、いろいろな企業がＩｏＴ市場に参入できる仕組みが必要なのです。アメリカの企業が特定の方式で市場をつくってしまう前に、国際標準をつくったほうがいい。とくにＡＩの分野は、標準化が難しいといわれていますが、必要性を強く訴えたところ、「なるほど、中国政府としてもその考えには賛同しますよ」といってもらえました。

国際標準をつくるためには、アメリカと中国の政府や企業の協力が間違いなく必要なので、最初から参加してもらい、日本が事務局になるのがベストではないでしょうか。

なぜかといえば、日本は地理的にアメリカと中国のあいだにあるからです。また、日本の貿易相手国の1位が中国、2位がアメリカです。米中両国にバランスよく対応できる国は世界でもおそらく日本だけでしょう。

アメリカと中国が加わり国際標準をつくれば、誰も文句はいわず、特定の企業による独占を防ぐことができます。

日本企業は、国際標準をどこかの企業に握られると弱いですが、ルールができて同じ土俵の上で戦うときの勝率は高い。だから、IoTやAIでも、国際標準化は非常に重要であり、標準化をコントロールするためにも、事務局の役割を日本が担うことが大事になってくるのです。

〈第2章注釈〉

※1　スタンドアローン（stand alone）　システムが他のリソースに依存せず、単独でも機能すること。コンピュータについて使われる場合は、LANなどのネットワークシステムに接続されていなくても単独でファイルの管理や演算処理、印刷処理などの作業を行なうことができる状態。

※2　コネクテッドインダストリー（Connected Industries）　経済産業省が提唱する次世代の産業構造。第4次産業革命による技術の革新を踏まえて、将来の未来社会である「Society5.0」の実現に向け、新たな付加価値の創出や社会課題の解決をめざす。

※3　SNS（Social Networking Service）　ソーシャルネットワーキングサービス。インターネット上でコミュニティをつくり、人間関係の構築を促進するサービス。ミクシィ（mixi）、フェイスブック（Facebook）、マイスペース（MySpace）などが有名。

※4　5G（5th Generation Mobile Communication System）　第5世代移動通信システム。現在規格化が進行中の次世代無線通信システム。2020年の実用化をめざす。

※5　プラチナバンド（Platinum frequency bands）　プラチナ周波数帯。日本において移動体通信用に割り当てられた周波数帯のうち、700〜900MHz帯のことを指す。

※6　電波オークション　有限な公共財である電波を有効利用するために周波数帯域の利用免許を競売で電気通信事業者に売却して事業を行なわせるもの。アメリカの移動体通信事業者が、1996年に世界で初めて採用。その後、ヨーロッパ各国の第3世代携帯電話で採用された。

※7　GPS（Global Positioning System）　全地球測位システム。地球上の現在位置を、人工衛星

からの電波で測定する装置。

※8 ブルートゥース（Bluetooth） 近距離でのデータ転送を目的とした、無線の規格の一種。近年、多くのスマートフォン、パソコン、オーディオ機器などに搭載されている。

※9 eガバメント 電子政府。コンピュータネットワークやデータベース技術を利用し、行政の効率化などをめざすプロジェクト。

※10 スマートウォッチ（Smart Watch） 体に装着して利用できる電子機器（ウェアラブル端末）の一種。時計としての機能はもちろん、歩数計、音声メモなどの便利な機能が搭載。

※11 スマートシティ（Smart City） ＩｏＴをエネルギーや生活インフラの管理に用いることで、生活の質の向上や都市の運用およびサービスの効率向上、そして都市の競争力をつけ、現在と次の世代が経済・社会・環境の観点で需要を満たすことができるような都市。

※12 ウエブAPI（Web Application Programming Interface） コンピュータプログラムの提供する機能を外部の別のプログラムから呼び出して利用するための手順・規約の類型の一つで、ＨＴＴＰなどＷｅｂの技術を用いて構築されたもの。Ｗｅｂサイトに外部のサイトの提供する機能や情報を組み込んだり、アプリケーションソフトからＷｅｂ上で公開されている機能や情報を利用する際などに用いられる。

トンネル
3分後に
落下物の恐れあり
CAUTION!

第3章

企業にとってＡＩは脅威か

——置き換えられない人材の条件

二〇三〇年　〇月▲日
◆曜日

発行人／藤原　洋

IoT／AI、企業のグローバル化を促進

技術者の奪い合いにも影響か

2030年はこうなる

- ●AIが人間の脳を超越する事例が出現。
- ●電力、鉄道、通信会社のAI化は、新たなビジネスチャンスに。
- ●1億4000万人ものフルタイムの知識労働者がAI等のテクノロジーに代替される。

重厚長大の製造業やインフラ系を中心とした日本企業が、次々と世界に進出している。

画像認識やビッグデータ解析といった分野では、言語は無関係である。IoT／AIが普及したことにより、日本の技術者は、言語の障壁を気にすることなく、自身のスキルを存分に発揮できるようになった。いまや世界中の国々が日本の技術者を求めている。

一方で、国内の飲食店や百貨店、コールセンターなどは、従事する人材がAIに置き換わった。それにより、生産性の向上と効率化に成功し、業績を伸ばしている。

外国人観光客に接客をする日本の「おもてなしロボット」

世界初

同時通訳ロボットが百貨店で接客

ニューラル機械翻訳が進化

英語、中国語、フランス語……。次から次に観光客の要望に応えるのは、人間ではない。ロボットだ。

AIのディープラーニング（深層学習）を採用した「ニューラル機械翻訳」は大幅に進化。それにより、同時通訳者の脳内で起きている情報処理を学び、話し手の言語を同時通訳できるAIロボットが完成した。

将来、翻訳精度が向上すれば、「おもてなしロボット」の海外進出も考えられる。

※『日本創生新聞』は2030年に起こりうる日本の未来を報じた「未来の新聞」です

2029年までに人間の脳の集積度を超える

——AIの研究開発はいかにして始まったのか

デジタルトランスフォーメーションの主要な要素技術として注目を集めるAIですが、そもそも、AIとは何なのでしょうか。

端的にいえば、AIとは、人工知能のことであり、コンピュータに人間と同様の機能（知能）をもたせる試みのことです。

ではなぜ、近年、AIブームが起こっているのかといえば、それは、いよいよAIが人間の知能を上回るのではないかといわれ始めているからです。

インテルの創業者でもあるゴードン・ムーアが指摘した**「ムーアの法則」**によれば、半導体の集積度は18カ月で2倍になります。1965年頃からコンピュータの性能を左右する半導体チップの集積度が上がり、そのスピードはおよそ1・5年で2倍。最近では約2年と若干スローダウンしていますが、この性能向上はまだ当分続くことでしょう。

そうであるとするならば、コンピュータの性能は10年だと2の5乗で32倍になると考えられます。ストレージも32倍、ネットワーク容量も32倍――。

つまり、2年で約2倍という指数関数的な進化が続くことを、ＡＩのマシン・ラーニング[※1]の進化に当てはめると、２０４５年くらいまでには人間の脳の集積度を超えるという予測ができるようになってきたのです。なかには、その技術的特異点が２０２９年までに訪れると予測する人までいます。

ＡＩの歴史の原点には、神の手をつくり上げたい、神を人の手でつくり上げたいという古代人の希望があるのではないか、と私は考えています。人工的には不可能だと思われている領域に踏み込みたいというのは、人類共通の願いといえるかもしれません。

とはいえ、その道のりは単調ではありませんでした。まず、17世紀にデカルトの機械論が登場します。デカルトは**「人間の体がじつは機械だ」**といい出したのです。

そして、パスカルが機械式の計算機を開発します。１８２２年、イギリスではチャールズ・バベッジがもう少し精巧な「階差機関」というものを有限差分法で計算する計算機をつくりました。これは電子工学ができる前の話です。そして、アルゴリズム[※2]で、バートランド・ラッセルが**「パラドックス」**という推論の概念を発見し、ＡＩを研究する準備ができたのです。

ＡＩの最初のブームが起きたのは、１９５０年代後半から１９６０年代です。

その前段階として、１９４３年にアメリカで、人間の脳・神経系に詳しい医者であるウォーレン・マカロックと数学者のウォルター・ピッツが**「ニューラル・ネットワーク」**という概念を発表しました。

そして、イギリスの数学者であり、ナチスドイツの暗号を解読したアラン・チューリングが、機械と人間の区別をする**「チューリングテスト」**という概念を発表。暗号解読は『イミテーション・ゲーム』という映画にもなりましたし、コンピュータサイエンスのノーベル賞といわれている「ＡＣＭチューリング賞」も、その後、創設されました。

コンピュータの原型ができたのは１９３９年ですが、本格的に開発が進んだのは、第２次世界大戦後のことです。

１９５６年には、米ダートマス大学で初めて「人工知能」に関する会議が開催され、現代人工知能の父と呼ばれているジョン・マッカーシー（ＬＩＳＰという言語、推論言語の開発者）が、「Artificial Intelligence＝ＡＩ」という言葉を初めて提案しました。

その後、AIという言葉が定着していくことになります。

さらに、1964年から66年に**「ELIZA（イライザ）」**という自然言語処理プログラムができます。

1956年から60年代、こうして第1次AIブームが沸き起こり、「機械によって人間の知能を実現するんだ！」ということで、何百万ドルも注ぎこまれたのですが、結局、実現には至りませんでした。

570億円を費やし、第2次AIブームに挑んだ日本
——世界で当時唯一の大型人工知能プロジェクト

1970年代後半から、米マサチューセッツ工科大学（以下、MIT）の学長も務めたジョエル・モーゼスが、コンピュータを使って微分方程式を解いたり、フランスのコンピュータサイエンティストが**「Prolog」**という別の推論言語をつくったりしたことで、新しいAIブームが再び、沸き起こります。

米スタンフォード大学のエドワード・ファイゲンバウムは、**「エキスパートシステム」**をつくり、それは、人間の専門家の知識をコンピュータに入れておき、イエス・ノーを判断させることで「何か」がわかるというものでした。

たとえば、医療、医者の判断のロジックについて、コンピュータによってシミュレートすることができるようになり、このエキスパートシステムがある種の成果を得たことで、1980年代、**第2次AIブーム**がやってきます。

当時の日本はバブルの始まりの時期にあり、アメリカもイギリスもそれほど元気がなかったため、日本は570億円もの大金を投下して「第5世代コンピュータ」の開発に着手。世界で当時唯一の大型人工知能プロジェクトを開始します。

ところが、これはあまりうまくいきませんでした。博士号をもつ優秀な人材が数多く集められたのですが、業界では「大失敗」と揶揄する人も多く、現在も評価が分かれています。

日本はこのときのトラウマを、その後も引きずり続けることになります。

「グーグルの猫」の衝撃
――「パターン認識」も革命的に進化

1997年、チェスの世界チャンピオンがコンピュータに敗れました。このチェス専用のコンピュータをつくったのはIBMで、あの有名な「**ディープ・ブルー**」です。

この頃から、**「マシンラーニング」**が、**「ディープラーニング（深層学習）」へと進化**を遂げ始めます。

マシンラーニングは、何らかの新たなパターンを見つけるために、繰り返し何度も何度もデータから学習する方法です。人間がいちいち入力していたプログラミングという作業ではなく、大量のデータから自動的にアルゴリズムを構築することができるようになった点で画期的でした。

ディープラーニングは、このマシンラーニングの手法の一つであった**「ニューラル・ネットワーク」**を多層化することで可能となりました。

ニューラル・ネットワークというのは、動物の神経回路網を模擬した仕組みで、プログラミングの世界に大きなパラダイムシフトをもたらした手法です。このニューラル・ネットワークを何層も重ねることで、ディープラーニングを実現し、それによって、画像認識、音声認識、自然言語処理などができるようになりました。

つまり、画像や音声、言葉の意味をコンピュータが解釈できるようになったのです。従来は、マシンラーニングを多層化すると精度が落ちるといわれていたのですが、カナダのトロント大学でも教鞭を執っているジェフリー・ヒントンの研究チームが、2006年に、この問題を解決する方法を発見。その応用の象徴ともいえるのが**「グーグルの猫」**で、2012年にコンピュータが猫を猫として自動的に認識したとして、大騒ぎになりました。

猫だけでなく、AIはもともと苦手だった、こうした「パターン認識」についても進化を遂げています。たとえば、人は、10年ぶり、20年ぶりの再会であれば、相手をその人だと認識するのは難しいものですが、AIはマシンラーニングを膨大に繰り返すことで認識できるものがどんどん増えています。

これは革命的なことで、一つのデータはただの一つのデータに過ぎないのですが、それ

図表12　AI（人工知能）研究の歴史

時期	主な出来事
古代	AIの歴史は、古代神話などから始まる ⇒名匠が人工物に知性または意識を与える（神を人の手でつくり上げたいという古代人の希望）
17世紀初	仏哲学・数学者ルネ・デカルトが、「動物の身体がただの複雑な機械である」と提唱（機械論）
1642年	仏哲学者ブレーズ・パスカルが、最初の機械式計算機を開発
1822年	英チャールズ・バベッジが、プログラム可能な機械式計算機を開発（階差機関〔difference engine〕：有限差分法で乗除算なしに関数計算）
1901年	英バートランド・ラッセルが、パラドックスを発見（正しそうに見える前提と妥当に見える推論から受け入れがたい結論が得られる）
1943年	米医学者ウォーレン・マカロックと米数学者ウォルター・ピッツが、「神経活動に内在するアイデアの論理計算（ニューラル・ネットワーク）」を発表
1950年	英数学者アラン・チューリングが、「チューリングテスト」を導入
1956年	ダートマス大学のキャンパスで会議を開催（AI学問として確立） ⇒米ジョン・マッカーシーがLISP言語を開発／「人工知能」という用語を提起
第1次AIブーム	
1964-66年	独系米ジョセフ・ワイゼンバウムが、ELIZA（イライザ）を開発 ⇒来談者中心療法を行なうおしゃべりソフト（自然言語処理プログラム）
1973年	英ジェームス・ライトヒル（流体力学、研究予算委員会の長）の批判 ⇒アメリカおよびイギリス政府人工知能関連の研究への出資を停止。
「AIの冬」と「AIの夏」が繰り返される	
1969-83年	米計算機科学者ジョエル・モーゼス（MIT学長等）が、Macsyma（マクシマ）プログラムで多項式、微分方程式、積分等の解法推論をつくる
1972年	仏計算機科学者アラン・カルメラウアーが、Prolog言語を開発
1970年代−80年代	エドワード・ファイゲンバウム（スタンフォード大学）が、エキスパートシステム（人間の専門家〔エキスパート〕の意思決定能力をエミュレートする）にAI研究で初めて成功
第2次AIブーム	
1982-92年	日本の通産省（当時）の発案により、570億円でAI研究「第5世代コンピュータ」
1997年	チェス専用コンピュータ・ディープ・ブルーが、ガルリ・カスパロフ（世界チャンピオン）に勝利
2006年	ジェフリー・ヒントン（トロント大学、グーグル）が、スタックトオートエンコーダ（ニューラル・ネットワーク使用時の次元圧縮アルゴリズム）など多層にネットワークを積み重ねても精度を損なわない手法を提唱 ディープラーニング（deep learning、深層学習）が始まる ⇒音声認識と自然言語処理を組み合わせた音声アシスタントや、画像認識分野などに適用
第3次AIブーム	
2012年	物体の認識率を競うILSVRCにおいて、ヒントン率いるトロント大学のチームが、ディープラーニングにより従来の手法(エラー率26%)に比べてエラー率17%を実現 グーグルが、ユーチューブ画像のディープラーニングを1万6000のCPUコアで3日間計算し、猫を認識できるようになったと発表。物体認識の従来手法より飛躍的な進歩をもたらした

を超高速で繰り返し、繰り返し、何度も反復的に見ていくことで、人間にはわからない規則性をＡＩは見つけることができるのです。

自動運転もレコメンド機能もＡＩ
――グーグル、アマゾン、バイドゥ……各社が研究に注力

最新の機械学習アルゴリズムで新たに何ができるようになったか。一つ例を挙げるなら、**グーグルのロボットカー**です。

グーグルの自動運転車開発部門、**「ウェイモ」**は、市販の自動車を改造して、自動運転による公道の市街地走行に成功しました。ついに誰も人間が乗っていない試作車を走らせたのです。これが、独自開発のロボットカーです。これは、自動運転で完全に無人で走るものです。

グーグルのロボットカーの特徴は、ハンドルがなく、座席が２つあるだけ。もちろん、人を乗せて走ることもできます。このように「運転者がいない車」がロボットカーであ

り、試作車は時速40キロメートルに制限されていますが、車体やガラスには、衝突時の被害を最小限に抑えるために、特殊な樹脂や柔軟性のある素材が使われています。

また、アマゾンやネット動画配信サービスの**ネットフリックス（Netflix）**などの「あなたにおすすめ」というレコメンド機能は、最新の機械学習アルゴリズムを使っています。

アマゾンで商品を購入すると、「これも買いませんか」とすすめられた経験があると思いますが、「この商品を買うユーザーなら、この商品にも興味をもつのではないか」ということを機械学習アルゴリズムがはじき出しているのです。

さらに、機械学習アルゴリズムは、不正の検知にも一役買っています。たとえば、スパムメールなどの特徴を何度も何度も繰り返し学習することで、送付されてきたメールがスパムメールか否かを瞬時に判断する精度が劇的に上がっていくのです。

ほかにも、アイフォーンの「シリー（Siri）」や、アマゾンやグーグルのスマートスピーカーにもＡＩが使われています。

中国の検索エンジン企業最大手の**バイドゥ（百度）**もＡＩの研究開発に力を入れてお

り、音声認識、画像認識、マルウェアやスパム検出フィルターなどの分野で、アメリカのＩＴ企業に負けないほど、技術力に磨きをかけてきています。

スマートメーターのＡＩ化はビジネスチャンス
――電力会社はエレクトロニクス系、弱電系に発想を転換させよ

突然ですが、日本で最も電気が使われる時期がいつか、ご存じでしょうか。それは、エアコンがフル稼働する8月の昼間といわれています。このピーク時にも電気が足りなくなることのないように日本の電力会社の発電システムはつくられてきました。

２０１１年3月に福島第一原子力発電所が事故を起こすまでは、ベースロード電源は原子力発電でした。原子力発電は、急な制御はできない代わりに、定期点検以外は何カ月も動かし続けることができるので、発電のベースとなるベースロード電源だったのです。

ダムを使った水力発電も安定して継続的に発電できるため、ベースロード電源として考えられており、総発電力の約10％をまかなっています。原発事故以前は原子力が約30％で

したから、残りの約60％を火力発電などで、需要量に応じて発電していました。

ただ、この火力発電所の容量は、発電需要量のピークとなる8月でも足りるように用意されているため、それ以外のときには動かさない発電所もあり、「無駄な設備だ」ということもできます。

こうした無駄な火力発電所をもつことなく、電力の需要予測を行なって需要に合わせた発電ができるようにと導入されているのが、**「スマートメーター（グリッド）」**です。

スマートメーターの目的は、電力需要量のピークに合わせた発電設備を、需要に合わせて臨機応変に発電できるシステムに変えることです。

現在の日本は、原子力発電所がほとんど動いていない状況ですから、なおさらスマートメーターの導入が必要不可欠となっています。

スマートメーターは、火力発電所の発電量を細かく制御するための機器なのですが、それだけではややもったいないと考えており、次のようなアイデアをもっています。

福島の原発事故以来、東京電力は少し元気がないので、このアイデアについては、他の電力会社と進めているのですが、端的にいうと、**スマートメーターのＡＩ化**です。

スマートメーターのＡＩ化は、アメリカでもやっていません。なぜなら、アメリカには電力会社が約3000社もあり、日本のような資金力のある大企業がないからです。日本には電力会社は10社しかなく、各地域の代表的な企業となっており、なかでも、関西電力は、東京電力に次ぐ規模の大企業です。

電力会社は、これまで電気を売ってきました。しかし、IoTやAIの時代に、単に電気だけをキロワットいくらで販売していたのでは、何年後かはわかりませんが、海外から「黒船」がやってきて、あっという間に市場を席巻されてしまう可能性があります。大電力会社といえども、グローバル企業が日本に上陸したら、勝てるかどうかはわからないでしょう。

そこで、重要なのが、スマートメーターのAI化なのです。

ヒントは、アマゾンやグーグルのスマートスピーカー、AIスピーカーです。スマートスピーカーは、2017年、世界で3000万台以上が出荷され、18年は5500万台以上に達するという予測もあります。

このスマートスピーカーを販売するねらいの一つが、コンピュータを使えない人にeコマース（電子商取引）、ネットショッピングをしてもらうことです。だから、いちばんのターゲットは高齢者です。

しかし、実際には、新しい物好きの人や若者が買って、いろいろ試している段階に過ぎないのではないでしょうか。高齢者が、「スマートスピーカーがないと生活できない」という段階まで今後進むのか、私は懐疑的です。

それに、50代以下の人たちの多くは、コンピュータをすでに使っています。そうした人たちが高齢化しても、スマートスピーカーに魅力を感じることはないでしょう。

一方、スマートメーターは、生活必需品です。1軒1軒の電力使用量を計測し、コントロールするのですから、「スマートメーターがないと生活できない」のです。AIやIoTの時代になっても、**電気は人間にとって最も大事なライフラインの一つ**であり続けることは間違いありません。このポジションを活かさない手はないのです。

しかも、電気の使用量を計測していれば、何時に寝て、何時に起きたか、いつ風呂に入っているか、食事は何時頃かなど、家族の生活のリズムやパターンを把握することもできるでしょう。

もちろん、それらは最もプライベートな情報ですから、セキュリティ対策は万全を期す必要がありますが、膨大なビッグデータを電力会社は獲得することができます。このデータの価値は計り知れません。

さらに、スマートメーターは、市場原理で買うものではなく、一家に1台、全世帯に必ず設置される機器です。初期投資はかかりますが、これをＡＩ化してしまえば、さまざまな新しいビジネスチャンスが生まれるでしょう。

電力会社には、工学的にいうと、１００ボルト以上が得意な強電系の人が多いのですが、いまやプロセッサーは約1ボルトですから、エレクトロニクス系、弱電系に発想を転換してもらうといいのではないでしょうか。

スマートメーターやスマートグリッドの技術的な部分、テクノロジー的な部分は、電力会社を含めて、日本企業は世界でも競争優位にあると思います。

ところが残念なことに、そのことに気がついていないのです。

電力会社は、地域独占企業でしたから、競争原理があまり働いてこなかった。だから、経営者にもおっとりしている人が多い印象がありますが、ぜひスマートメーターのＡＩ化で新しいビジネスを創出し、さらにそれをグローバルに展開していってもらいたいと考えています。それだけのポテンシャルが日本の電力会社にはあるはずです。

鉄道、通信会社はどう生きるか
――AI化とともにグローバル化を視野に入れよ

電力会社と同様のことがいえるのが、鉄道会社です。ＪＲ東日本やＪＲ東海は、押しも押されもせぬ優良企業ではありますが、やはり地域独占に近いため、競争意識に欠けるところがあるのではないでしょうか。

新幹線事業の海外輸出などにも取り組んでいますが、なかなか採用されず、ドメスティックマーケットで満足しているわけではないでしょうが、世界の市場に出ていけていません。

電力にしても、鉄道にしても、インフラ輸出は、国同士、政府同士の交渉事という面もありますが、各企業がもっと積極的に仕掛けることもできるはずです。優秀な人材を集め続けている企業が多いだけに、ＡＩ化やＩｏＴ化とともに、グローバル化をもっと進めてほしいと思うのは私だけではないでしょう。

電力や鉄道の話を、ＮＴＴの幹部にしたとき、「うちもそうなんですよ」といわれました。ただ、ＮＴＴグループのなかには、ＮＴＴデータやＮＴＴコミュニケーションズのような海外志向の企業もあります。ＮＴＴデータは、海外企業を買収したことから、従業員の半分以上が外国人です。

ＮＴＴデータは、もともとは日本銀行のシステムや社会保険のシステム、信号機のシステムなど、公共事業を請け負うことが多かった。しかし、日本は人口も減り、経済も伸びていないため国内にとどまっていても「じり貧」です。

ＮＴＴデータが成長するためには、海外市場を取りにいくしかないのです。

前にも述べた通り、ＩｏＴの時代は、日本語や英語、中国語といった言語の障壁がありません。ＡＩを使った音声認識などでは言語が関係しますが、画像認識やビッグデータ解析などでは、やはり言語は関係ありません。

日本企業が海外に進出し、グローバル化するチャンスがいままさに到来しているのです。

RPAオフィスとは
――家電量販店や不動産仲介業、自治体で大きな成果

RPAという言葉を聞いたことがないでしょうか。RPAは、ロボティック・プロセス・オートメーション（Robotic Process Automation）の頭文字で、AIなどの認知技術を活用して、ホワイトカラーの業務を効率化、自動化することです。

このRPAを実現したオフィスをRPAオフィスといいます。たとえば、外部からの問い合わせに、AIが応対する自動コールセンターがあります。

労働集約型のコールセンターは、人手不足でもあり、省力化ニーズの高い仕事です。私のグループ会社で初のRPAセンターをオープンしましたが、一気にAI化の流れが加速する見込みです。

RPAオフィスの構築ノウハウは、多くの企業に移植可能で、現在のところ、家電量販店や不動産仲介業、自治体などのサービスの合理化と品質向上に大きな成果が生まれてい

ます。日本の課題だったホワイトカラーの生産性向上に大きく寄与するものと考えられます。

世界中の人びとを震撼させた「雇用の未来」
――上級公務員でさえも不要になる

ＡＩの優れた面ばかりを見てきましたが、ここでＡＩ脅威論についても述べておきましょう。

ＡＩが人間の知能を超える「技術的特異点（Technological Singularity）」のことをシンギュラリティと呼んでいます。

グーグルのＡＩプロジェクトのヘッドであるレイモンド・カーツワイルや、アメリカの数学者でＳＦ作家のヴァーナー・ヴィンジは、２０４５年には、このシンギュラリティが起こるといっています。

では、シンギュラリティが起こると、何が起きるのでしょうか。それは、社会を支配するのが人類ではなくなり、人類から解き放たれた強いポストヒューマンであるＡＩが社会を支配すると考えらえているのです。

米オックスフォード大学でマシンラーニング（機械学習）を研究するマイケル・Ａ・オズボーン博士とカール・フライ博士は、アメリカの労働省から委託された研究で、分類された７０２の職業のうち、ＡＩなどのテクノロジーの発達によって人間から機械に代替される職業について考察しました。

この研究結果をまとめたのが「雇用の未来」という論文です。そこには、これから10年から20年でアメリカの総雇用者の47％の仕事が自動化、機械化され、人間の仕事ではなくなると書かれてあり、日本でも、「消える職業」「なくなる仕事」として大きくメディアで取り上げられたため、多くの人が記憶しているのではないでしょうか。

オズボーンの研究では、各仕事に必要なスキルはどのようなもので、そのスキルを機械によってどれだけ自動化できるかを、テクノロジーの発展のトレンドを考慮しつつ詳細に調べています。

具体的には、コンピュータ化の障壁となりうる９つの仕事特性「手先の器用さ」や「芸術的な能力」「交渉力」「説得力」などを抽出し、702の職種についてそれらを評価しているのです。

同論文をもとに、『週刊ダイヤモンド』が、アメリカの職業別就業人口と平均年収から「機械による代替市場規模」を算出。それによれば、アメリカにおいて、機械によって失われる職業ランキングの上位15職種は、小売店販売員、会計士、一般事務員、セールスマン、一般秘書、飲食カウンター接客係、商店レジ打ち係や切符販売員、箱詰めや積み降ろしなどの作業員、帳簿係などの金融取引記録保全員、大型トラック・ローリー車の運転手、コールセンター案内係、乗用車・タクシー・バンの運転手、中央官庁職員など上級公務員、調理人（料理人の下で働く人）、ビル管理人となっています（『週刊ダイヤモンド』2015年8月22日号特集「息子・娘を入れたい学校2015」）。

実際、このなかのコールセンター案内係に比較的近い分野でAIを導入したところ、かなりの人員削減効果があったという事例も出ていて、私の会社のグループ企業エーアイスクエア社もAI型コールセンター事業を開始し、受注が急増しています。

コールセンター業務も人間に代わって機械が行なえるようになりつつあり、従来に比べて60%以上のコスト削減が見込まれています。

図表13　あなたの仕事はどうなる？

機械が奪う職業ランキング
(アメリカ、上位15位を抜粋)

1位	小売店販売員
2位	会計士
3位	一般事務員
4位	セールスマン
5位	一般秘書
6位	飲食カウンター接客係
7位	商店レジ打ち係や切符販売員
8位	箱詰めや積み降ろしなどの作業員
9位	帳簿係などの金融取引記録保全員
10位	大型トラック・ローリー車の運転手
11位	コールセンター案内係
12位	乗用車・タクシー・バンの運転手
13位	中央官庁職員など上級公務員
14位	調理人（料理人の下で働く人）
15位	ビル管理人

※出典：『週刊ダイヤモンド』2015年８月22日号

主な「消える職業」「なくなる仕事」
銀行の融資担当者
スポーツの審判
不動産ブローカー
レストランの案内係
保険の審査担当者
動物のブリーダー
電話オペレーター
給与・福利厚生担当者
レジ係
娯楽施設の案内係、チケットもぎり係
カジノのディーラー
ネイリスト
クレジットカード申込者の承認・調査を行う作業員
集金人
パラリーガル、弁護士助手
ホテルの受付係
電話販売員
仕立屋（手縫い）
時計修理工
税務申告書代行者
図書館員の補助員
データ入力作業員
彫刻師
苦情の処理・調査担当者
簿記、会計、監査の事務員
検査、分類、見本採取測定を行なう作業員
映写技師
カメラ、撮影機器の修理工
金融機関のクレジットアナリスト
メガネ、コンタクトレンズの技術者
殺虫剤の混合、散布の技術者
義歯制作技術者
測量技術者、地図作成技術者
造園・用地管理の作業員
建設機器のオペレーター
訪問販売員、路上新聞売り、露店商人
塗装工、壁紙張り職人

※出典：オズボーン氏の論文「雇用の未来」より、
コンピューターに代わられる確率の高い仕事として挙げられたものを記載

1位の小売店販売員や4位のセールスマンも、レコメンドエンジン付きeコマースは、ある種のAIセールスですから、すでに代替されつつあり、それがさらに進むのは自然な流れといえるでしょう。

また、インバウンドをねらった多言語対応の自動翻訳システムの共同開発を豊橋技術科学大学、日本マイクロソフト、ブロードバンドタワーグループで行なっていますが、多言語ロボット販売員が出現するのは時間の問題かもしれません。

13位に上級公務員が入っていますが、税収の支出が削減される方向なので、一般論としては、歓迎されることなのかもしれません。

シンギュラリティによって「消える仕事」
——病院ロボットが手術を行なうように

AIが進化することで、これまで人間にしかできないと思われていた仕事が、機械に代替されます。たとえば、無人で走る自動運転車は、これから世界中に普及し、いずれ、タクシーやトラックのドライバーの過重労働は軽減されるでしょう。

これらはほんの一例で、機械によって代替される人間の仕事は非常に多岐にわたり、単純作業だけではなく、知識労働者の仕事の内容が大きく変化するでしょう。

知識労働者の仕事が機械で代替できるようになった大きな要因は、ＡＩなどのテクノロジーの発達によってビッグデータ処理が可能となり、これまで不可能だった莫大な量のデータをコンピュータが処理できるようになったことで、非ルーチン作業をルーチン化することが可能となったからです。

その具体例が、かつての第２次ＡＩブームのときのエキスパートシステムをはるかに超える自己学習型の**「医療診断」**です。アメリカのニューヨークメモリアルスローンケタリングがんセンターでは、ＩＢＭのワトソンを駆使して、約60万件の医療報告書、約１５０万件の患者記録や臨床試験結果、約２００万ページ分の医学雑誌などを分析し、患者個々人の症状や遺伝子、薬歴などをほかの患者と比較することで、それぞれに合った最良の治療計画を作成しています。

法律分野では、裁判前に数千件の弁論趣意書や判例を精査するコンピュータがすでに活用されています。また、弁護士のアシスタントであるパラリーガルや、契約書専門、特許専門の弁護士の仕事は、すでにコンピュータによって実行されています。

金融業界では、人間のトレーダーよりも大量かつ迅速に、コンピュータが各企業のプレスリリースや決算資料を分析し、それに基づいて投資判断することが日常化しました。コンピュータのファイナンシャル・アドバイザーが顧客それぞれに合った資産運用アドバイスを行なうサービスもスタートしていて大人気です。

教育現場では、無料のオンライン講義MOOCs（ムークス、Massive Open Online Course）が急成長しており、学生の理解度などついての多くのデータが集まっています。人間に代わるコンピュータ教授が、学生に応じた個別講義や評価ができるようになり、卒業後の就職適性を導き出すことも容易になるかもしれません。各企業の人事部と連携すれば、学生から見た就職活動、企業から見た人材採用の効率がさらに向上するでしょう。

そして、センサー技術の発展で、これまで人間にしかできないとされていた認知能力を備えた機械がさまざまな分野で活躍し始めています。

カタールのドーハ、ブラジルのサンパウロ、中国の北京では、水道のパイプやポンプにセンサーを設置し、水道管の漏れをチェックし、水漏れを40％以上削減しています。こうした機器のメンテナンス業務も人間から機械に代替されつつあるのです。

また、街頭や歩道にセンサーを設置することで、少人数での警備が可能となるでしょう。

これまでの技術の進化と質的に異なるのは、人間の領域とされてきた認知能力に関わる仕事を機械化することにあるのです。

さらに、これまでのロボットは、単純作業だけでしたが、**ＡＩとロボティクスの融合により、今後はより複雑な作業まで機械化される**でしょう。例としては、すでに実現されつつある医療用ロボットがあり、患者ごとに食事や処方箋を自動的に輸送したり、手術を行なったりしています。

製造業から調理、医療、清掃、介護などのサービス産業を担う複雑な作業を実行するサービス用ロボットが開発されることが見込まれており、工場の中の工業用ロボットの台数をはるかに超える新たな巨大ロボット市場が生まれようとしているのです。

ちなみにマッキンゼー・グローバル・インスティチュートの調査では、ＡＩなどのテクノロジーの進化によって、世界で約１億４０００万人のフルタイムの知識労働者が機械に代替されてしまうと予測しています。

コンピュータに仕事を奪われないために
——これから先も必要となる職業とは

逆に、ＡＩなどのテクノロジーが進化しても、なくならないであろうと予測されている仕事もあります。

その代表例が、レクリエーション・セラピストや言語聴覚士、作業療法士などの医療系の専門職です。

オズボーン博士の研究結果でも、編集者の仕事のなくなる確率は５・５％、工業デザイナー３・７％、ランドスケープデザインを除いた建築家１・８％、レクリエーション・セラピスト０・28％と、クリエイティブな職業の消滅確率は、７０２業種のなかで比較的低くなっています。

事務処理は、ＡＩなどのテクノロジーへの代替が進みますが、**人間対人間の高度なサービス分野や、クリエイティブな分野、データ分析／予測に基づく判断をするマネジャー職**

などは、人間にしかできない仕事として残る可能性が高いということです。

ＡＩによって、レジの仕事はなくなりますが、レジの自動化と決済システムの構築・運用という新たな仕事が生まれます。

ソフトウェアの比重はますます高まっています。プログラマーはＡＩによる自動化プログラミングが加速するため、仕事がなくなる方向ですが、自動化プログラミングを行なうための仕事が創出されます。

このように考えてくると、次の４つの職業は、ＡＩなどのテクノロジーが進化しても、人間の仕事として残るのではないでしょうか。

① 起業家や事業創造者
② 発明・発見やアートなどの創造的仕事人
③ 人間を束ねる組織のリーダー
④ 人間と人間をつなぐコミュニケーター

AIは人間のための技術
――3Dプリンタでスタジアムや病院をつくる

もちろん、多くの人びとが、AIに対して悲観的な見方をしているわけではありません。

IBMのAIプログラム「ワトソン」の開発責任者であるロブ・ハイCTOは、2016年3月の記者会見で、AIの拡散が及ぼす雇用の変化について、「スマートフォンのように、技術の発展に応じて社会を変化させるだろう」としながらも、「仕事自体をなくすのではなく、従業員が忙しかったり、情報がなく答えられない場合、ロボットが対応できるようになる」とし、IBMは、あくまでも人工知能は、人のための技術であるという点を強調しています。

彼は、IBMの研究・開発方針として、「〝人の代わりになるコンピュータ〟ではなく、**(人間を)補完、強化してくれるほうに集中する**(中略)**人と代替することは意図的に排除している**」と述べています。

また、未来学者でダ・ヴィンチ研究所所長のトーマス・フレイ氏（元ＩＢＭ）は、２０１５年11月の記者会見で、「次世代の仕事は未来産業にある。２０３０年になれば、私たちは３Ｄプリンティングされた服を着たり、個々人のためにつくられた薬を服用し、ドローンでモノを受け取り、無人自動車を利用することになるだろう」と述べました。

そして、「２０３０年には、全世界の雇用の半分である20億人の雇用が消えるだろう」とし、「職業が消えたとして、失業者が生まれるわけではない。（中略）実際に、過去30年のあいだにアメリカで新たに生じた職業を調査した結果、そのほとんどが創立5年以内の企業で生じている」と述べています。

さらに、「注目する未来産業は、ＩｏＴ、３Ｄプリンタ、ドローンなど、さまざまなＩＣＴの融合産業である」と述べたうえで、「３Ｄプリンタを使えば、服や個人用の薬などカスタマイズされた製品をつくれ、スタジアム、船舶、病院など大規模なモノをつくる方向にも発展している。またドローンも、農薬散布、郵便配達だけでなく、レストランで料理を運ぶサービスにも利用されている」としています。

このように、ＡＩには人間の能力を引き上げる役割も期待されているのです。

〈第３章注釈〉

※１　マシン・ラーニング（machine learning）　機械学習。人工知能における研究課題の一つで、人間が自然に行なっている学習能力と同様の機能をコンピュータで実現しようとする技術・手法。

※２　アルゴリズム（algorithm）　問題を解決するための方法や手順のこと。問題解決の手続きを一般化するもので、プログラミングを作成する基礎となる。

第4章　フィンテックと金融の未来

——日本でも続々と育ち始めた企業・サービス

日本創生新聞

第４章

二〇三〇年　〇月▲日
◆曜日

発行人／藤原　洋

Nihon Sousei Shinbun

メガバンク、フィンテック企業を買収

「金融業のデジタル化」が加速

大手銀行各社は、電子商取引やモバイル決済のいっそうの普及を急ぐ。

２０２０年代は銀行の業績不振で金融崩壊を囁《ささや》かれたこともあったが、フィンテックにより息を吹き返した。

２０２０年代に台頭したフィンテック企業の買収に乗り出したのが転機となった。

フィンテックの普及に向けた、金融庁による法整備も進む。

今後は「金融業のデジタル化」が加速する見込みで、ＳＮＳやＩｏＴ、ビッグデータ、ＡＩなどと相互作用したサービスを展開していく予定だ。

2030年はこうなる

- １９８０年代以降生まれのデジタルネイティブ世代がフィンテックの可能性を進化させる。
- フィンテック融資により、リスクと運用利回りを総合的に判断した分散投資が可能になる。
- 金融機関がフィンテック企業を買収するようになる。

世界各国、どこにいても自動送金できる時代に

ラクラク自動送金

世界中の人たちにお金をパス！

新興国にも自動送金

「しまった！ 今日は給料日だ」。アメリカに単身赴任中のＡさんは、毎月の給料日に、日本で暮らす中学生の娘にお小遣いを送る。10年前は、給料日に慌てて銀行のＡＴＭにお金を振り込み、娘の口座に送金していた。

フィンテックが発達し、スマートフォンから自動送金できるようになってからは、慌てて銀行に行くこともなくなったという。Ａさんはほかにも、アフリカのスタートアップ企業に給料の一部を投資している。

※『日本創生新聞』は2030年に起こりうる日本の未来を報じた「未来の新聞」です

テクノロジー視点のフィンテックとは？
——金融機関のＩＴ部門をはるかに凌ぐ「フィンテック企業」の技術力

近年、ファイナンス（Finance）とテクノロジー（Technology）を組み合わせた造語であるフィンテック（FinTech）への関心が急速に高まっています。これは、金融という産業におけるデジタルトランスフォーメーションといえるでしょう。

フィンテックの起源は、２００８年9月のリーマンショックから始まった世界金融危機後、アメリカのシリコンバレーにおいて、ベンチャー起業家が既存の金融サービスが行き詰まったことをビジネスチャンスと捉え、いち早く新たな金融サービスの開発に取り組んだことにあります。こうして生まれた企業を**「フィンテック企業」**と呼び、シリコンバレーから全世界に波及しています。

フィンテックという言葉が使われるようになったのは、２０１４年頃。その背景で重要な役割を果たしたのが、ＩＴの進化であり、そのＩＴの進化を支えているのが、**「CP**[※1]

U」「ストレージ」[※2]**「ネットワーク性能」**[※3]の指数関数的進化です。

前述した通り、そのスピードは、約2年で2倍、10年で32倍の高性能化が進んでいます。換言すれば、同等性能を実現するのに、計算コスト、記憶コスト、通信コストが、10年で32分の1に低下するのです。

このムーアの法則に則《のっと》って、デバイステクノロジーが進化しているために、ウェブ（Web）を利用するインターネットビジネスは、情報発信源の視点から、第1世代（ポ[※4]ータル）、第2世代（ＳＮＳ）、第3世代（ＩｏＴ）へと進化を続けています。

このウェブの仕組みを前提とした、「ポータル」「ＳＮＳ」「ＩｏＴ」「ビッグデータ」「ＡＩ」は、デジタルトランスフォーメーション（ＤＸ）の5大要素技術として重要な役割を果たしています。

既存の金融機関が、金融サービスを独占できたのは、支店網やＡＴＭ網など、複雑で高価な大規模情報システムの設備を保有していたからです。

しかし、フィンテック企業は、ＣＰＵ、ストレージ、ネットワーク性能において同時進行するムーアの法則に則って、設備コストの大幅な低減が可能となりました。テクノロジーの進化によって参入障壁が大きく下がったのです。

そして、フィンテック企業は、デジタルトランスフォーメーションの5大要素技術の活用法については、既存の金融機関のIT部門をはるかに凌ぐ技術力を有しているため、従来の金融サービスにはなかった利便性の高いサービスを効率的に提供できるようになったのです。

ここで、混同を避けるために、テクノロジー視点でフィンテックか否かを確認しておくと、既存の金融機関によるオンラインバンキングや、株式・投資信託のオンラインサービス、およびアプリサービスなどは、フィンテックではありません。これらは、すでにデジタル化された情報を対象とした金融機関によるIT活用に過ぎません。

フィンテックは、「ポータル」「SNS」「IoT」「ビッグデータ」「AI」という5大要素技術を駆使した新たな金融サービスのことなのです。

それをふまえたうえで、あらためて、フィンテックを定式化すると、

FinTech = Finance（金融）× Technology（DX5大要素技術）

となります。

「デジタルネイティブ世代」に浸透する金融
――欧州の産官のリーダーが次々とフィンテック宣言

次に、テクノロジー視点からユーザー視点に目を移してみましょう。

学生時代からインターネットやパソコンのある生活環境で育ってきた、1980年前後生まれ以降の**「デジタルネイティブ世代」**[※5]の行動が、社会に大きな影響を及ぼすようになりました。さまざまなサービスのなかで、社会に受け容れられ、影響を及ぼすには、デジタルネイティブ世代の支持が必要になってきているのです。

この世代は、既存の金融機関にお金を預けてもゼロ金利の時代が長く、金利を支払ってもらえないにもかかわらず、つねに自らの金融商品を推奨してくる既存の金融機関に対して、「公平性や網羅性が欠如している」というネガティブな印象をもっています。

デジタルネイティブ世代は、「既存の金融機関にカモにされる」という不信感を抱いているのです。

逆に、この世代の信頼を得る企業は、グーグルやアマゾンといったインターネット企業です。このようなネット企業であれば、お金に関わるユーザーエクスペリエンスを提供可能だと考えられています。※6

保守的でブラックボックス化されている既存の金融機関への対抗策としてフィンテックが生まれ、世界中のデジタルネイティブ世代へ浸透しつつあるというのが現状でしょう。

フィンテックに関して、日本では、ビジネス誌が特集を組む程度で、比較的静かですが、市場原理が徹底しているアメリカでは、フィンテック企業が続々と登場し、社会に大きな影響を及ぼし始めています。

欧州では、イギリスのジョージ・オズボーン財務大臣（当時）が、「イギリスを2025年までにグローバル・フィンテック・キャピタル（global FinTech capital）とする」（2014年8月）と宣言し、スペインの**ビルバオ・ビスカヤ・アルヘンタリア銀行（BBVA）**のCEOが「BBVAは将来ソフトウェア会社になるだろう」と宣言しています。

従来のインターネットビジネス黎明期と異なり、フィンテックでは、EU諸国の企業が積極的に動き始めており、これまで最も保守的で、聖域であると見られていた金融サービスの世界において、欧州の産官のリーダーたちがフィンテック宣言をしたことは、この動きを加速することになると予測されます。

マネー分野の「C2C」と「P2P」――インターネット上のマネー・マーケットプレイス・モデル

ポータル、SNS、IoT、ビッグデータ、AIを中心とするテクノロジーを駆使したフィンテックサービスが、すでに**シリコンバレーを中心とした新興フィンテック企業**によって、続々と登場しています。

新興フィンテック企業は、従来の金融機関が独占的に提供し、変わりばえのしない金融商品や金融サービスを、ネットユーザー視点で、「安く、早く、便利」に変化させています。

具体的には、ウェブを用いたポータルサイト運営手法としてユーザー間にマーケットプレイスを提供する「**C2C（Consumer to Consumer）**」と、ユーザーのコンピュータ資源を対等接続する「**P2P（Peer to Peer）**」を、マネー分野に適用することです。

インターネットにおいて一般的に用いられるクライアント・サーバ型モデルでは、データを保持し提供するサーバと、それに対してデータを要求・アクセスするクライアントという2つの立場が固定されますが、P2Pは各ピア（対等な者）がデータを保持し、他のピアに対して対等にデータの提供および要求・アクセスを行なう自律分散型ネットワークモデルです。

こうして実現されるフィンテックは、既存の金融機関と比較して、人件費とIT運営コストを大幅に削減でき、このため消費者に対して有利な金利条件などを提供できる「インターネット上のマネー・マーケットプレイス・モデル」なのです。

現在の定型的なフィンテックサービスを分類すると、融資、預金、家計簿・会計ソフト、資産運用、決済、モバイルPOS[※7]、PFM[※8]、銀行インフラ、ロボ・アドバイザー[※9]、仮想通貨[※10]、マーケットプレイス・レンディング[※11]などがあります。

このようなフィンテックサービスは、ネットユーザーに対して、既存金融機関によるサービスとは異なる、新たな価値を提供しており、先進的な消費者に加えて、個人事業主や中小企業を中心に、ビジネスの分野での利用が拡大しているのです。

融資のための審査を公開
――融資審査の不透明性を払拭したレンディング・クラブ、キャベッジ

それでは、先行する海外のフィンテック企業の事例を見ていきましょう。

「融資」の分野では、**レンディング・クラブ（Lending Club）**という企業が注目を集めています。レンディング・クラブは、資金の借り手と貸し手を仲介するマーケットプレイス型のクラウドファンディング・サービスを運営しており、C2Cモデルで成長した結果、ネットオークションサイトを企業が利用するのと同様に、機関投資家と金融機関が新たな資金運用手段として活用を始めています。これが、同社の成長を加速しています。

同サイトの利用手順は、次の通りです。

① 借り手が自身の情報をレンディング・クラブのサイトに登録。
② レンディング・クラブが借り手を独自基準で審査し、借り手を「格付け」。

③　貸し手がレンディング・クラブのサイトに表示される借り手のなかから条件に合致する借り手を選択し、資金を貸すことで資金を運用。

借り手の格付けに応じて金利水準が異なるため、貸し手はリスクと運用利回りを総合的に判断した分散投資を行なうことが可能です。

また、**キャベッジ（Kabbage）**という企業は、インターネット上のクラウド会計サービスやｅコマースサイトのデータを活用し、オンライン与信判断を実施することで、既存の金融機関と比較して、短期間での借り入れを実現しています。

これらのフィンテック融資の特徴は、審査スコアを公開することで、従来の金融機関による融資審査の不透明性を払拭した点にあるでしょう。

貯金もスマホアプリで行なう時代へ

――シンプル、ムーヴン、アトムバンク……

「預金」の分野では、普通預金の概念を刷新した、他の金融機関の金融商品を利用するネオ・バンクと呼ばれる第三者提携型銀行モデルを提供する**シンプル（Simple）**や**ムーヴン（Moven）**が注目されています。

また、**アトムバンク（Atom Bank）**は、アプリ銀行を標榜《ひょうぼう》しており、セキュリティ上の問題と、ユーザーが銀行取引に求めるニーズは、よりスマートフォンやタブレット寄りになっていることからアプリのみの利用に注力しています。

SNSを利用した積立預金を可能にした**スマーティピッグ（Smartypig）**、**ダイム（Dyme）**という企業もあります。これらの企業は、貯蓄預金口座をもたないデジタルネイティブ世代を対象に、貯金の目標額を設定して、会話形式のSNSでフォローアップすることで、貯金意欲を向上させるサービスを行なっています。

ディジット（Digit）は、アメリカでPFMのサービスを提供する企業で、自動的に節約してお金を貯めたいユーザー向けのアプリを運用しています。独自のアルゴリズムに基づき、日常的に使っている銀行口座から、自動的に貯金用口座に少額を移す機能があり、月収の約5・5%を貯めた例などが報告されています。

銀行口座がなくても新興国への送金が可能に
――ドゥオラ、ベンモ、ワールドレミット

「送金」の分野では、**ドゥオラ（DWOLLA）**が注目です。ドゥオラは、銀行口座ベースの送金が可能なP2P決済サービス事業を展開しており、2015年4月、前述のスペイン金融大手BBVAのグループ企業である、アメリカの**BBVAコンパス（Compass）銀行**と提携し、自行顧客向けにリアルタイム送金サービスの提供を開始しました。

BBVAコンパス銀行の顧客は、自行内、もしくは、ドゥオラ・アカウントをもつ利用者同士なら24時間リアルタイム送金が可能です。

また、友人同士の送金サービスの提供で急成長を続けている**ベンモ（Venmo）**は、2013年にペイパル（PayPal）が買収したブレインツリー（Braintree）が運営する個人間送金サービスで、2016年には、1カ月の送金額が10億ドルを突破しました。

ベンモでは、ユーザーが銀行口座やクレジットカードの情報をアプリのウォレットに連携するだけで、簡単に送金ができます。操作が簡単で、「AさんがBさんに支払いました」というフィードが流れるのはSNS的です。

イギリスの**ワールドレミット（WorldRemit）**は、従来の銀行の送金イメージを変えたスマートフォンによる個人向け国際送金サービスを提供しています。その手順は次のようなものです。

①現金ではなく、エアタイム（Airtime）という携帯電話のプリペイドチャージを送る。

②送金人は、受取人の携帯番号、金額、送金資金の受取方法を入力。

③受取人には送金を知らせるSNSが送られ、エアタイムを追加。

ワールドレミットのサービスでは、国によっては、エアタイムの追加ではなく、銀行口座への入金や取次店での現金受取りなども可能です。

欧米では、出稼ぎ労働者など、銀行口座をもてない人たちも多く、母国への送金にフィンテックサービスを利用するケースが急増しており、ワールドレミットは、銀行口座がなくてもスマートフォンさえあれば送金できるため、新興国向けの送金インフラとして急成長しているのです。

出遅れた日本もようやく始動 ——マネーツリー、ココペリ、メタップス……

「決済」の分野では、アメリカ・サンフランシスコの消費者向け金融サービスを提供している**アファーム（Affirm）**が注目を集めています。

デジタルネイティブ世代に人気で、アファームと提携したオンラインショッピングサイトでは、クレジットカードでの支払いと、アファームでの分割払いが設定できるため、クレジットカードがなくてもオンラインショッピングサイトを利用可能なのです。

個人の資産を管理する「ＰＦＭ」の分野では、**エムエックス（ＭＸ）**がユーザーインタフェースに注力したことで、ユーザーエクスペリエンスともいえる域に達しています。これにより、個人の予算管理を直感的に行なえるサービスとなっており、多くの金融機関が採用しています。

また、同社では、収集した個人の取引履歴を活用しビッグデータ分析機能を充実させた、金融機関向けマーケティングサービスも提供しています。

日本国内に目を向けてみると、フィンテック分野での起業環境は、欧米に比較して出遅れた感がありますが、注目すべきベンチャー企業、サービスが育ってきています。

分野別に、代表的な企業の最新情報を記します。

❶ 個人資産管理

マネーツリーが、複数の口座を一元管理可能なサービス「Moneytree」を運営しています。**Zaim**は、国内最大級の家計簿サービスを提供しています。**BearTail**は、レシートを目視で丁寧に手入力、精度99・98%の無料家計簿アプリの「Dr.Wallet」を運営しており、資産管理と現金管理がワンストップにスマートフォンで可能という特徴があります。

スマートアイデアは、約400万人が利用する無料家計簿アプリ「おカネレコ」を運営しています。料金支払の際の利便性、シンプルな操作性、個人情報の登録が必要ないという3点が評価され、20~30代女性に向けたFinTech×Entertainmentアプリの「おカネ

Navi」「Robo Financial Adviser」の発表なども行なっています。

MFSは、「『住宅ローンを必要とするすべての人が、最も有利な条件で借り入れ、借り換えできる』世界の実現を目指します」をコンセプトに掲げている企業で、2015年7月から日本初の住宅ローンの借り換えアプリである「モゲチェック」の運営を行なっています。

❷ ビットコイン(仮想通貨)取引所

bitFlyerは、国内初の仮想通貨ビットコインの取引所として有名で、情報セキュリティはしっかりとした対応を行なっています。**BTCボックス**は、国内シェアが7割。大きなバックアップをもつビットコイン取引所で、ビットコイン、ライトコイン、ドージコインなどの取引を行なっています。

ビットコインのFX[※12]ができる取引所として、**ビットバンク**は、実際の資金の何倍もの力で取引が可能なシステムをつくり、開かれた「ブロックチェーン大学校」も開校しました。**コインチェック**は、国内随一の簡単にビットコインを買える取引所とされていましたが、2018年に起きたネットによる盗難事件で、マネックスグループに買収されました。

テックビューロは、マイナス手数料で、ビットコインを含む暗号通貨の取引所や為替API、ウォレットを提供する暗号通貨総合サービスブランド「Zaif」を運営しています。zaifは取引所と販売所の両機能をもっており、日本発の仮想通貨であるモナコインを国内で最も長く取り扱っている取引所です。個人情報の登録をせずに仮想通貨を買うことができ、ビットコイン宝探しアプリ「takara」を使った宝探しキャンペーンなどの企画を行なって、ユーザーが手数料をもらえるという特徴があります。

Orb（旧コインパス）は、仮想通貨を誰でも簡単につくれるサービス「SmartCoin」を展開しています。同社は、ビットコインのブロックチェーンとは異なり一切の競争原理を排除した分散型のネットワークを実装し、ビットコインの難点だった取引の承認時間を大幅に短くすることをめざしています。

③投資・資産運用アドバイス、ロボアドバイザー

時間も手間もゼロから始める投資の**ウェルスナビ**が提供する「ウェルスナビ」は、利用者が、どの程度リスクを取れるかという度合いに合わせて、ロボアドバイザーが最適な投資のポートフォリオをつくってくれるサービスです。

お金のデザインは、ロボットアドバイザー「THEO（テオ）」を提供する企業で、9つの質問に答えることによって、世界中の1万銘柄以上のETF（上場投資信託）から自分の資産運用の目的と考え方などに最適な資産運用の方法（どのような銘柄を買うべきか）をアドバイスしてくれます。

トレードにAIとビッグデータを導入しているのが、**Alpaca Japan**です。日々のトレーディング業務をAIによって自動化できるウェブサービス「アルパカアルゴ」（旧キャピタリコ）や、米国株向けに何を買うべきかを解決するサービス「アルパカスキャン」を提供しています。

One Tap BUYは、スマートフォンで証券取引に関するすべての手続きを行なえるオンライン証券会社で、3タップで好きな銘柄に簡単操作で投資ができるアプリサービスを運用しています。

❹ 保険

スマートドライブは、車社会の変化を唱え、自動車に搭載された自動車整備用ポートのOBD－Ⅱ（自動車の自己診断機能）から運転情報をリアルタイムに取得し、法人向けに、自動車関連のサービス事業者を対象として低コストかつ柔軟・スピーディーな事業展開のできるプラットフォームを提供。また、個人向けに、運転技術の可視化アプリと健康診断サービス「DriveOn」を通じてアクサ損害保険と業務提携して、ドライバーの運転特性に応じて保険料が割引される「テレマティクス保険」を提供しています。

⑤ クラウドファンディング

トラストバンクは、寄付型クラウドファンディングのふるさと納税総合サイト「ふるさとチョイス」を、プロモーション活動に積極的な**さとふる**は、ふるさと納税サイト「さとふる」を運営しています。**JGマーケティング**は、日本最大の楽しく、満足感のあるクラウドファンディングサービス「Shooting Star」で、社会の役に立ちたいと思う「支援者」と、資金的な応援を必要とする非営利団体「NPO」などをつなぐサービスを提供しています。

購入型クラウドファンディングサービスでは、東大発、日本初のクラウドファンディングの**READYFOR**の活躍が目立ちます。8200件以上のプロジェクトの資金調達で、約43万人から60億円以上の支援金を集めています。

CAMPFIREは、クラウドファンディング・プラットフォーム「CAMPFIRE」の運営を行なっており、66万人から65億円以上を集めています。映画、プロダクトなどのクリエイティブなプロジェクトが多く見られます。

マクアケは、「Makuake」の運営を行なっており、プロジェクトの実行者が資金提供した支援者に対し、資金に応じてプロジェクトの成果物をお返しするという購入型クラウドファンディングサービスです。

キッチンスターターは、日本初の飲食特化型クラウドファンディングによって、飲食店を開きたい人や、新商品の開発などを考える事業主の支援を募り、支援者は、プロジェクトからリターンを得る仕組みで、成立したときに20％の手数料収入を得ます。

融資型クラウドファンディングサービスでは、**クラウドクレジット**が、ソーシャルレンディング（クラウド上の個人投資）プラットフォームによって、日本の個人投資家が、欧米の海外の消費者ローンや事業者ローン、延滞しているローンに投資を行なうことができます。

日本クラウド証券は、一般個人、少額からでも、多くの人が集い資金を集約することによって、これまで小口投資では不可能だった、着実に資産を運用できる、高利回りの投資案件への参加ができるクラウドファンディングのプラットフォームとして日本初のソーシャルレンディング・サービスを提供しています。

ミュージックセキュリティーズは、1口数万円からの出資「セキュリテ」を運用し、当初、ミュージシャン向けの音楽ファンドに特化していましたが、最近では被災地応援ファンドなどさまざまな分野を取り入れており、配当以外にも商品などのリターンを受け取ることができるクラウドファンディングサービスを提供しています。

株式型クラウドファンディングサービスでは、**日本クラウドキャピタル**が、未上場の株式も購入することができる「FUNDINO」の運営を行なっています。

⑥経営・業務効率向上

ココペリが、国内最大の中小企業向け専門家相談サービス「SHARES」と、経理などの外注を受ける「東京　経理・給与計算代行センター」を運営しています。

freeeは、経理の効率が50倍になるということをアピールしている会計クラウドソフト会社です。**マネーフォワード**は、キャラクターにオリエンタルラジオを中心に結成されたダンス&ボーカルユニットRADIO FISHを起用したテレビCMで有名な家計簿アプリの会社です。**ヴェルク**は、中小企業の業務経営を一元管理、効率化するためのクラウド型業務・経営管理システム「board」とスマートフォンアプリＣＭＳ「Patto」を提供している企業です。

メイクリープスは、国内2万社以上の個人事業主や法人のユーザーをもつ業務系クラウドツール「MakeLeaps」を販売しており、請求書、見積書、発注書、納品書、請求書、領収書といった営業・経理業務に必要不可欠な書類を、オンライン上で一元管理・送付でき、作業した時間を入力し、作業報告書を作成、ワンクリックで請求書へ変換できるなどさまざまな書類作成が可能です。

クラウドキャストは、２００９年からスマートフォンを中心にアプリケーションの開発・提供をする企業で、エクセルを使用せず、スマホで最短経費精算ができる「経費精算サービスStaple for 弥生」やスマートフォンですべての経費精算ができる法人向けサービス「Staple」、中小企業向けオンライン資金繰り計画支援ツール「Staple Pulse for HANJO HANJO」などを提供しています。

メリービズは、税理士事務所・中小企業のレシート入力の面倒さを解決するために、プライバシーの保護を重視した、経理データの入力を代行するサービスの「MerryBiz」を提供しており、レシート・領収書・請求書などを郵送すると、会計ソフトへの入力を代行、1週間以内に経理書類が届けられるというサービスを提供しています。

スマイルワークスは、SaaS型[※13]でのクラウド、アプリケーションサービス事業を運営している会社で、多くの大企業に、会計・給与・販売仕入管理などの統合業務システムサービス「ClearWorks」、オンライン・データストレージ「SECURE FOLDER」、Web会議システム「NET FORUM」、ノンプログラミング自動ホームページ「SmileCMS」、クラウドシステム開発・運用管理などを提供し、日本商工会議所のITアドバイザーとなっています。

クラビスは、「STREAMED」というクラウド経理管理サービスを提供しています。

アカウンティング・サース・ジャパンは、税理士事務所向けクラウド税務・会計・給与システム「A-SaaS」を提供し、税理士事務所2100件に採用され、登録顧客数は12万件、クラウド会計、税務サービスではNo.1のシェアを占めています。

JP Linksは、「Bankur」によって、金融機関の提携と独自のシステムにより完全に自動化することで、送金に関わる業務負担とコストを大幅に削減することができます。

ZUUは、「90億人が平等に学び、競争し、夢に挑戦できる世界の実現」を掲げ、「人生のアクセルを踏むために欠かせないガソリン（＝お金）」の情報を「ZUU online」にて配信しており、フィンテック推進支援事業としてウェブ媒体「FinTech online」を立ち上げ、世界各国のフィンテック情報をリサーチし、金融機関や関係者向けに価値のある情報発信しています。

財産ネットは、2015年に設立され、天気予報のように1時間後の株価動向を予想する「兜《かぶと》予報」のサービスは、その精度の高さが評判です。既存の経済ニュースではわからない金融に関する社会情勢などに関して、テレビなどでも活躍する兜町アナリストたちの個人的な見解を発信し、その株価が上がるのか、下がるのか、そのままなのかという予報がすぐにわかるよう記載しています。匿名で入力したデータをもとにポートフォリオを作成・提案してくれる「資産の窓口」や資産運用のアドバイザーと、資産運用を考える人を結びつけるマッチングサービスも行なっています。

Finatextは、2013年設立の東大発のフィンテック企業で、金融・IT・デザインの3軸を強みにし、強みである開発力と金融知識を掛けあわせ、ユーザー目線のモバイルサービスを提供しています。若い層の株取引への興味を喚起するために、「明日の株の上げ下げを予想する」アプリ「あすかぶ！」を運営しています。兜予報とは違い、ユーザー参加型のプラットフォームで株取引初心者には始めやすいサービスです。さらに、投資信託選びをサポートするスマホアプリ「Fundect」を提供し、2017年1月、2016年に設立した台湾法人に続き、マレーシアにアジア圏で2社目となる現地法人を設立しています。

ユーザベースは、「企業活動の意思決定を支える情報インフラの提供」を標榜し、「SPEEDA」「NewsPicks」というウェブ媒体を運営する企業で、「SPEEDA」は、「7日間かかる業界分析を1時間に短縮」とサイトにもあるように企業・業界分析を行なうためのオンライン情報サービスで、「NewsPicks」は、ソーシャル機能を兼ね備えた経済ニュースプラットフォームです。

ナウキャストは、東大渡辺努研究室の「日経・東大日次物価指数プロジェクト」を前身とし、「経済統計」データベースサービスを提供することを目的として、「経済の〝今〟を知る」という情報サービスを提供しています。

Liquidは、生体情報のインデックス化、深層学習による高速検索、独自開発の認証システムの3つの技術により、生体認証の製品を生み出しています。カード不要、現金不要の手ぶらでの決済が可能なレジ「LIQUID Regi」や、クレジットカードレス、ポイントカードレスを実現する決済サービス「LIQUID Pay」を提供しています。

Capyは、米オレゴン大学を卒業後、京都大学にて情報学博士号を取得し、日米で10を超える賞を受賞した代表の岡田満雄氏が、米・デラウェア州にて設立した企業です。深刻化する不正ログイン被害を食い止めるべく、法人がワンストップで、かつ数分で導入を開始できる不正ログインツールの開発・提供をしています。

バンクガードは、ネットバンクの不正送金対策専門企業で、従来、英数文字などを使用していた乱数表に画像を使用することにより、利用者が間違えることのないようにして不正アクセスを防いでいます。

Kyashは、個人間で送金が可能となるプラットフォームを構築し、お店での割り勘や、旅行代金の精算など、日々のお金のやりとりをシンプルにすることをミッションとしており、利用者にはリアルタイムでのカード利用情報はもとより、カード利用を統合した決済アーカイブを提供することや、クレジットカードの上限金額、利用可否をコントロールできる機能などを提供しています。

カウリスは、ユビキタス社会[※14]の次世代サイバーセキュリティとして、顧客接点を守る法人向けクラウド型不正アクセス検知「FraudAlert」を提供する企業です。

ソースネクストは、マネーフォワードに出資していて、パソコンの低価格パッケージソフトを中心に、ウイルス対策ソフトでのシェア上位を占めています。ウィンドウズ用の加速ユーティリティソフト「驚速」、タイピング習得ソフト「特打」、更新料0円のセキュリティソフト「ZERO」シリーズ、ハガキ作成ソフト「筆王」など、ヒット商品も多くあります。「Dropbox」「Evernote」も提供しています。2010年からはスマートフォン用アプリの提供も行なっています。

⑦法人向け、個人向け決済

GMOペイメントゲートウェイは、SaaS型総合決済サービスを提供しており、国内最大規模約8万件の決済導入実績があります。

フライトホールディングスは、ITコンサルティングなどを行なっていますが、フィンテック領域では、モバイル型電子決済端末や決済アプリサービスなどの提供をしています。2016年には、タブレット連動型クレジットカード決済装置「Incredist」の新製品「Incredist Premium」をアメリカ、ヨーロッパ、アジア等で提供を始めています。

大日本印刷の子会社の**インテリジェントウェイブ**の情報処理技術は、主にクレジットカード決済のオンラインシステムに使われており、24時間365日、リアルタイムで確実なカード取引の処理に利用されています。

メタップスは、マーケティング、ファイナンス（金融）、コンシューマーの3つの事業を展開する際に得られるデータを軸に、「データノミクス」という考え方をもつ企業で、2007年に早稲田大学に在学中だった佐藤航陽氏（現社長）が設立し、世界8カ国に事業を拡大しています。人工知能を活用したアプリ収益化プログラムの「Metaps」、クレジットカード決済機能のついたリンクを作成し、手軽な決済を可能にした、オンライン決済サービス「SPIKE」を提供しています。

BASEは、ネットショップの無料作成サービスの運営から2015年からクレジットカードの決済サービスを開始しています。ECサイトのクレジット決済機能を導入できるようにした「PAY.JP」は、初期費用や月額費用無料での設置が可能です。

ウェブペイは、LINEの子会社のLINE PAYの100%子会社です。

コイニーは、低価格の決済手数料とどこでも簡単にカード決済に対応できる「Coiney」と呼ぶサービスを提供しています。スマートフォンやタブレットに接続する小さなターミナルだけで導入ができるため、医療や不動産、自動車など、いままでカード決済が使われなかった業種を中心に浸透しつつあります。LIXILと業務提携をし、茨城県信用組合や、住信SBIネット銀行など金融機関とも連携しています。

エクスチェンジコーポレーションは、携帯電話番号とメールアドレスの入力だけで会員登録がなくても利用することができる「Paidy」を提供しています。「国内1億人以上の顧客が利用可能なリアルタイム・オンライン・ペイメント」を標榜し、クレジットカード以外の主要な支払手段を、一つの決済にまとめて提供します。決済はすべてリアルタイムで処理され、多くの店舗ユーザーをもつ「AQUSH」というソーシャルレンディングサービスも運用しています。

カンムは、2013年から大手クレジットカード会社と提携し、「Card Linked Offer(以下、CLO)」を運営しています。CLOは、クレジットカードデータを使ったターゲティングと、導入設備が不要なカード決済インフラを活用した店舗への送客手法です。すでに200社近くの加盟店があり、2016年からはオリコと提携して、若年層向けにVisaプリペイドカード「Vandle」を提供しています。

ユビレジは、iPad を使ったPOS(Point of Sales)レジというレジシステムを提供しています。会計作業と同時に売れ筋商品の把握や在庫管理を行なうことができます。

リクルートライフスタイルは、ホットペッパーグルメや、ホットペッパービューティーを運営していますが、フィンテックでは、無料POSレジアプリ「Airレジ」を提供しています。

ロイヤルゲートは、総合的ITソリューションのワンストップ提供会社ですが、フィンテックでは「PAYGATE AIR」と呼ばれる、多様な決済に対応しているスマートフォン型クレジットカードリーダーサービスと「COdeGATE」というPC・タブレット・スマートフォン対応のマルチ決済システムがあります。

リンク・プロセシングは、クレジットカードだけでなく、スマホやタブレットでのさまざまな決済サービス「Anywhere」を提供。スマートフォンやタブレットにインストールしたアプリで、場所を問わずスピーディな決済処理ができます。また、日本クレジットカード協会（JCCA）の認定を取得したスマートフォンCCT端末によりハイレベルなセキュリティの「JET-Smart」を提供しています。

⑧ その他のフィンテック関連分野

世界の金融ITサービス企業ランキング「FinTech100」に2010年から4年連続ラ

ンクインした**野村総合研究所**は、2011年には、ASP(SaaS型)モデルのインターネットバンキングソリューション「Value Direct」を提供しています。

電通グループの**電通国際情報サービス**は、2012年からフィンテックスタートアップ企業の登竜門といわれるイベント「金融イノベーションビジネスカンファレンス」を開催しています。

シンプレクスは、松井証券のロボアドバイザーシステムを構築するなど業界の老舗企業で、世界の金融ITサービス企業ランキング「FinTech Forward Rankings」に2015年、2016年とランクインしています。

NTTデータは、2015年、「ITを駆使した新たな金融サービスを提供するFinTechの支援サービスを金融機関向けに始めた」と正式発表し、2016年には新たな金融関連サービスを創発することを目的として「BeSTA FinTech Lab」を立ち上げました。

セレスは、500万人以上が利用している国内最大級のポイントサイトで、「モッピー」を運営し、モバイルコンテンツへの登録や、無料ゲーム、ネットショッピング、メールなどで配信される広告の閲覧でポイントを貯めることができ、貯めたポイントは「1ポイント＝1円」で現金や各種電子マネー、ゲームなどのデジタルコンテンツに交換することが可能です。また、東大発ベンチャーのジャノムと共同開発したビットコイン送金サービス「Coin Tip」を提供しています。

オプトは、業界No.1のインターネット広告代理事業を中心としたeマーケティングサービスを提供しています。メディアや広告商品の特性やノウハウを活かし、顧客のeマーケティング支援、すなわち、ネットの閲覧データ、サイト内や店舗のリアルデータなど、ユーザー行動に関するさまざまなビックデータを計測・分析して、クライアントに課題解決の施策を提供します。

金融機関&フィンテックの5つのシナリオ
——投資トレンドは今後も続く。次のねらいはアジア

金融と新世代ITの融合がフィンテックであるとすれば、既存の「金融業界」とポータル、SNS、IoT、ビッグデータ、AIというデジタルトランスフォーメーションの5

大要素の技術に長《た》けた「新世代ＩＴ業界」との関係は、今後、どうなっていくのでしょうか。

私は、今後起こりうる金融機関とフィンテック企業との相互作用の可能性は、次の5つのシナリオに分類できるのではないかと考えています。

① 金融機関が、フィンテック企業を下請けとして利用
② 金融機関が、フィンテック企業を買収
③ フィンテック企業が、独自の金融事業を展開し金融機関を駆逐《くちく》
④ 金融機関とフィンテック企業が、連携して[*15]レベニューシェア
⑤ フィンテック企業が、金融機関を買収

これら5つの可能性を考えるために、現時点でのフィンテック企業への投資動向を見てみましょう。

２０１６年5月25日に公開された、国際会計事務所ＫＰＭＧがＣＢインサイツの統計を用いて作成したレポートによると、２０１６年第１四半期に行なわれたベンチャーキャピ

タルによるフィンテックへの総投資額は、49億ドルと過去最高水準で、1～3月期では2015年の25億ドル、2014年の16億ドルを上回るペースが続き、2016年は、過去最大になっています。

49億ドルの内訳を見てみると、中国企業への投資が顕著で、調達額上位5社は以下の通りで、中国だけで24億ドル近くに達しています。

1位＝Lu.com（中国、12億ドル）
2位＝JD Finance（中国、10億ドル）
3位＝Oscar Health（アメリカ、4億ドル）
4位＝Welab（中国、1・6億ドル）
5位＝Betterment（アメリカ、1億ドル）

この増加トレンドは当面続き、アメリカへの投資が一段落し、今後は、アジアへとフィンテック投資が拡散していくことでしょう。

このような動きに対し、いくつかの既存の金融機関は、フィンテックが、既存業務を代替する可能性が出てきたことから、自社内での金融サービスの研究開発体制の強化とともに、フィンテック企業や大手ＩＴベンダーとの連携に向けて動き出しました。

大手ＩＴベンダーが金融機関とフィンテック企業をつなぐ
――富士通、ＮＴＴデータ、日本ＩＢＭの積極果敢な取り組み

金融庁は、フィンテックの普及を前提にした新たな法整備に乗り出しており、銀行が電子商取引やモバイル決済などの事業を運営できるようになる見込みです。

現在は、銀行が持ち株会社の傘下に収めることができる子会社は、本業の金融業務だけですが、規制が緩和されれば、本業との相乗効果が期待できる分野における買収が可能になります。

同様の規制は、欧米ではすでに緩和されており、日本の銀行が今後、フィンテックを推進していくために、改革が実施されるでしょう。この規制緩和によって、金融機関ではフィンテック企業買収の気運が高まるのではないでしょうか。

大手ＩＴベンダーのフィンテックへの対応は、**富士通、ＮＴＴデータ、日本ＩＢＭ**の３社が、２０１５年に、新たな取り組みを開始しました。３社に共通するのは、金融機関とフィンテック企業を結びつける場を提供し、フィンテック企業を緩やかに囲い込むことで、金融機関へのＩＴビジネスの立場を強固なものにしようとする動きです。

３社のうち、最も積極的なのは富士通で、２０１５年９月から、国内金融機関とフィンテック企業などを合わせて１００社以上が参加したフィンテック推進コンソーシアムの活動を開始しました。

富士通は、同コンソーシアムを主催し、フィンテック企業によるプレゼンテーションやコンテストなどのイベントを行ない、金融機関とフィンテック企業の交流の場を提供。同コンソーシアムには、三菱ＵＦＪ銀行やみずほフィナンシャルグループ、三井住友銀行、野村ホールディングス、日本生命保険、ＪＣＢなどが参加し、ＩＴ企業としては、日本マイクロソフト、ＶＭウェア、ＳＣＳＫ、ＴＩＳなどが参加しています。

ＮＴＴデータは、２０１５年７月から「デジタルコーポレートアクセラレートプログラム（ＤＣＡＰ、一般企業によるベンチャー企業との新規ビジネス創発の取り組みを支援するサービス）」の提供を開始し、みずほ銀行が採用しました。

日本ＩＢＭは、２０１５年10月から「IBM FinTechプログラム」の提供を開始し、金融機関を対象に「FinTechに関する知識を深めるステージ」「アイデアを具現化してシステムの実証実験を行うステージ」「金融機関の既存システムに接続してサービスを本格的に導入するステージ」という3段階にわたるサービスの提供を開始しました。

以上に述べたように、富士通、ＮＴＴデータ、日本ＩＢＭが、動き出したことで、日本においても、フィンテックはＩＴ業界の一大トレンドとなっています。

デジタル金融社会を創造せよ
――日本では、フィンテック企業が金融機関を買収する可能性は低い!?

さて、金融機関とフィンテック企業の5つの可能性のうち、欧米では、規制緩和も進み、潤沢なベンチャーキャピタル投資があるため、新興フィンテック企業の提供する金融サービスが、既存の金融機関に代わって台頭する可能性が高いでしょう。つまり先ほどのシナリオでいうと、**③の「フィンテック企業が、独自の金融事業を展開し金融機関を駆逐」する可能性が最も高い**のです。

または、強力な顧客基盤と資金力を有する、グーグルやアマゾン、アップル、フェイスブック、マイクロソフトの5社のどれか、または、全社が、新興フィンテック企業を買収するか、同等のサービスを自社で開始することで、既存の金融機関に代わってフィンテック市場を制覇する可能性も十分にあります。

欧米では、日本と異なりＩＴ産業の多重下請構造が存在しないため、①の「金融機関が、フィンテック企業を下請けとして利用」する可能性は低いでしょう。

②の「金融機関が、フィンテック企業を買収」することは、一時的には可能性があると思いますが、組織構造がまったく異なるために継続性はないのではないでしょうか。

④の「金融機関とフィンテック企業が、連携してレベニューシェア」も一時的な可能性しかなく、既存の金融機関の存在意義の喪失から継続性はないでしょう。

⑤の「フィンテック企業が、金融機関を買収」する場合も、組織構造がまったく異なるため、可能性はほとんどないと考えられます。

日本においては、富士通やＮＴＴデータ、日本ＩＢＭなどの動きから、大手ＩＴベンダーが既存の金融機関とフィンテック企業とのあいだに入り、既存の金融機関のフィンテックサービスを支援する立場に立つ可能性が高いのではないでしょうか。つまり、**①の「金融機関が、フィンテック企業を下請けとして利用」する可能性が高い**のです。

また、アメリカ発のフィンテック企業、または、フィンテックサービスが、日本の金融機関を駆逐する、③の可能性も高いかもしれません。

日本独自の企業風土として、②の「金融機関が、フィンテック企業を買収」し、同サービスを行なうことは、十分に考えられます。

日本発のフィンテック企業が登場し、既存の金融機関を駆逐する、③を期待する向きもありますが、残念ながら可能性はそれほど高くないといわざるをえないでしょう。

日本の企業風土として、④の「金融機関とフィンテック企業が、連携してレベニューシェア」と⑤の「フィンテック企業が、金融機関を買収」という可能性は、ほとんどないと思われます。

フィンテックは、第４次産業革命、すなわち、デジタルトランスフォーメーション革命の潮流のなかにある**「金融業のデジタル化」**です。

フィンテックは、デジタルトランスフォーメーションの5大要素技術――ポータル、SNS、IoT、ビッグデータ、AIを駆使することで、既存の金融機関と比較して、飛躍的に利便性が高く、低コストの金融サービスを実現しつつあります。

その結果、金融のあり方自体を根本的に変えます。金融庁はスピード感ある規制緩和を実行・継続し、企業はこれを大きなビジネスチャンスとして捉え、新サービスを次々と打ち出すこと。そうして世界に先駆けて**デジタル金融社会**を創ることが、いま求められていることなのではないでしょうか。

〈第4章注釈〉

※1 CPU（Central Processing Unit） インテル・チップに代表されるコンピュータの中央演算部。各種装置を制御したり、データを処理する。コンピュータの基本性能を決める重要なパーツ。

※2 ストレージ（storage） 記憶装置。大容量の外部記憶装置、磁気でデータを記録するディスク装置などを指す。現在の一般的なストレージとしてはハードディスクが挙げられる。

※3 ネットワーク性能 「通信速度」を中心に「つながりやすさ」「利用時の快適さ」を統合した通信ネットワークの性能。

※4 ポータル（portal） ネットの玄関口。

※5 デジタルネイティブ（digital native）世代 学生時代からインターネットやパソコンのある生活環境のなかで育ってきた世代であり、日本では1980年前後生まれ以降が該当するとされる。

※6 ユーザーエクスペリエンス（user experience） 製品やサービスなどの利用を通じてユーザーが得る経験

※7 モバイルPOS タブレット端末やスマートフォンを使った支払システム。POSとは販売時点情報管理のこと。

※8 PFM（Personal Financial Management） 個人資産管理。利用している銀行や証券、保険など複数の口座情報を集約して一元的に表示させる。

※9 ロボ・アドバイザー AIを活用して自動で資産運用を行なうサービス。年齢や資産状況な

どの簡単な質問に答えるだけで、最適な運用プランを作成してくれる。

※10　仮想通貨　特殊なバーチャルコミュニティで流通する電子マネー。

※11　マーケットプレイス・レンディング（marketplace lending）　ネット上で融資の申請を受付け、その融資に対する投資を多数の個人から募る仲介サービス。P2Pレンディングやソーシャルレンディングとも称される。

※12　FX（Foreign Exchange）　外国為替証拠金取引。ドルやユーロなどの外国通貨（為替）を交換・売買し、その差益を目的とした金融商品。

※13　SaaS（Software as a Service）　必要な機能を必要なぶんだけサービスとして利用できるようにしたソフトウェア（主にアプリケーションソフトウェア）もしくはその提供形態のこと。

※14　ユビキタス（ubiquitous）　コンピュータなどを通じて、いつでもどこでも簡単に、ほしい情報が得られる状態。

※15　レベニューシェア（Revenue share）　提携パートナーとリスクを共有しながら、利益をあらかじめ決めておいた配分率で分け合うアライアンス（提携）手段。

第5章　「世界のイスラエル」にチャンスあり

——日本の「実装力」が活きる共創

二〇三〇年　〇月▲日
◆曜日

発行人／藤原　洋

ノーベル賞受賞者が倍増

背景に「Ｗｈｙ」型の学校教育

2030年はこうなる

● イスラエルのゼロイチの発明力と、日本企業が得意とする1から10の実装力を掛け合わせた協業（コラボレーション）が生まれる。
● 日本、アメリカ、イギリス、イスラエルの４カ国でのサイバーセキュリティの連携が強化される。
● 人材と技術に多額の投資をするようになり、日本の科学者と技術者のレベルが向上する。

２０３０年以降、日本人のノーベル賞受賞者が急増している。

理由を探ると、日本型からイスラエル型に転換した学校教育が大きく影響していることがわかった。

家庭や学校教育のなかで、子どもに「それはなぜ？」と尋ねて、答えを導きだすのはイスラエルの伝統的な教育だ。

同様の教育スタイルが、日本各地の小学校で展開されるようになった。

その結果、自ら課題を設定し、答えを導き出そうとする研究者が急増。論文のクオリティも上がり、近年の研究成果につながったようだ。

日本とイスラエルを循環するエコシステム

イスラエルとの「エコシステム」本領発揮

発明力 × 実装力でイノベーションを起こす

日本企業の躍進を支える

イスラエルは、これまで主に欧米企業とグローバル・エコシステムを形成していた。ところが2030年になり、日本企業との共同研究が活発化。「ゼロからイチ」を生み出すイスラエルの発明力を頼る状態が続く。

イスラエルの最先端技術を活用し、製品化および販売を行なう大手電機メーカーB社は、販売利益の一部をイスラエルの技術開発費に充てている。B社はまた、イスラエルの大学へ社員を定期的に派遣する。

※『日本創生新聞』は2030年に起こりうる日本の未来を報じた「未来の新聞」です

イノベーションはシリコンバレーから深圳へ
——中国の起業数は急増

あらゆる産業をデジタル化してしまうデジタルトランスフォーメーションを、ここまでリードしてきたのは、アメリカのシリコンバレーでした。

しかし、2018年現在、世界で最もテクノロジーが進化し、イノベーションが起こっているのは、中国の**深圳**《しんせん》かもしれません。

現在のシリコンバレーは、実際にモノをつくらなくなり、シリコンバレーで考えられたアイデアは、すぐに深圳に飛び、ハードウェアの試作などは深圳で行なわれています。

そうしたことがここ数年続いているため、深圳の企業が自らアイデアを考えるようになり、「シリコンバレーはもういらない」という企業まで出てきているのです。

その代表が、**アリババ**、**テンセント**、**ファーウェイ**といった中国の新興企業です。

日本企業にとっても、中国企業はすでに侮れない存在になっており、いまやイノベーシヨンはシリコンバレーよりも深圳で起きているといっても過言ではないでしょう。

そして、私は**シリコンバレーのエコシステム**[※1]**と深圳のエコシステムは、よく似ている**と感じています。

シリコンバレーにスタンフォード大学があるように、深圳には香港科技大学（The Hong Kong University of Science and Technology）があります。香港科技大学はここ20年で急激に伸びてきた大学で、私のベル研究所時代の友人が一人いるので実際に訪れたことがあるのですが、大学内に半導体工場まであり驚きました。

また、アメリカのトップ研究者を次々と教授として雇っています。

スタンフォード大学は市場原理で発展してきた大学ですが、香港科技大学は中国政府の肝入りで資金が投入されているのが大きく違う点で、中国のメジャーな大学はみな国立なので、**潤沢な資金力**があります。

イノベーションを起こすには、テクノロジーとともに資金を提供する金融の仕組みが必要になりますが、シリコンバレーには数多くのベンチャーキャピタル[※2]があり、エンジェル投資家[※3]がいます。

２０１５年のベンチャーファイナンスの投資総額を見ると、アメリカが約７２３億ドルで圧倒的な1位ですが、２位の中国も４９２億ドルとなっています。３位の欧州が１４４億ドルですから、中国の投資額の大きさがわかるでしょう。

ちなみに、日本はわずか8億ドルに過ぎません。中国のベンチャー企業に対する投資額は、じつに日本の60倍以上ということです。

では、深圳にもシリコンバレーのようにベンチャーキャピタルが多数あり、エンジェル投資家が大勢いるのかといえば、そうではありません。深圳をはじめとした中国のベンチャー企業に多額の投資を行なっているのは国家、つまり中国政府です。

国の発展をどうやってデザインするかを考えて決めるのは中国政府であり、現在の中国は、自由や民主主義、人権はさておき、経済発展が最優先ですから、巨額な投資を行なっているのです。

この点でも、民間主導のシリコンバレーとは異なり、中国は国策なのです。

こうした深圳の環境を考えると、まだまだ多くの新しいベンチャー企業が出てくることでしょう。２０１６年の起業数を見ると、アメリカが約３００万社で、１日平均にすると約８０００社なのに対し、中国は５５０万社以上、１日に約１万５０００社が起業しています。15年は1日に約1万2000社でしたから、急激に増えていることがわかるでしょう。

深圳はシリコンバレーを真似た？
――香港証券取引所は香港のナスダック

シリコンバレーの企業を大きく発展させたのは、それら企業への投資を可能にする証券市場ナスダック（NASDAQ）の存在です。ナスダックが、アメリカの経済発展を後押ししたことに異を唱える人はいないでしょう。

そして、深圳に資金を提供しているのが、香港証券取引所です。

野村資本市場研究所によると、2018年2月末現在の各証券取引所の時価総額は、次のようになっています。

ニューヨーク証券取引所：約2490兆円

ナスダック：約１１３０兆円
東京証券取引所：約６７０兆円
中国・上海証券取引所：約５７０兆円
中国・香港証券取引所：約４８０兆円
ユーロネクスト：約４８０兆円
ロンドン証券取引所：約３６０兆円
シンガポール取引所：約90兆円

香港証券取引所よりもシンガポール取引所のほうが大きいと思っている人が多いかもしれませんが、実際は5倍以上、香港のほうが大きいのです。

東京証券取引所も、時価総額が少しずつ増えて戻ってきましたが、１９９1年のバブル崩壊から落ち続けていたのが、ようやく底を打って少し上がり始めたという程度です。

シリコンバレーと深圳には、それぞれスタンフォード大学と香港科技大学というテクノロジーの研究開発拠点があり、ナスダックと香港証券取引所という資金調達のための証券取引所があります。

お金の出所が、個人や企業などの民間であるシリコンバレーに対して、深圳は中国政府である点が大きく違いますが、エコシステムとしてはよく似ているといえるのではないでしょうか。

それはやはり、中国政府がシリコンバレーをよく研究し、キャッチアップする形で深圳という経済特区をつくり出しているからではないかというのが、私の見方です。

イスラエルの「グローバル・エコシステム」とは
――お得意先はアメリカとヨーロッパ

シリコンバレーと深圳のエコシステムは、どちらもその地域内で資金や人材、アイディアなどが循環する仕組みなのに対して、その地域内にとどまらず、グローバルなエコシステムでイノベーションを起こしているのが、**イスラエル**です。

シリコンバレーと深圳が「地域内エコシステム」だとすれば、イスラエルは**「グローバ**

ル・エコシステム」なのです。

この違いがなぜ生まれているのかと考えると、イスラエルには国内に大きな市場がないからではないでしょうか。シリコンバレーの企業がまずめざすのは人口3億人超のアメリカ市場ですし、深圳の企業も人口が13億人を超える巨大な中国市場向けに製品やサービスを開発します。

一方、人口が860万超のイスラエルは、国内市場向けに製品やサービスを開発しても致し方ない面があるので、最初から、アメリカ市場とヨーロッパ市場向けにテクノロジーの研究開発を行なうのです。

イスラエルで生まれたテクノロジーは、アメリカ企業やヨーロッパ企業で製品化され、企業発展に寄与します。発展した企業がまたイスラエルに投資を行なうことで、テクノロジーがさらに進化し、イノベーションが起こるという仕組みのエコシステムなのです。

ですから、インテルやグーグル、マイクロソフト、IBM、フィリップスなどは、イスラエルに研究所や研究開発センターをもっており、世界で稼いだ資金をそこに投資することで、テクノロジーのさらなる進化を促進しています。

たとえば、インテルが開発したCPUの半分はイスラエル製で、以前は100%イスラ

図表 14　イスラエルとは

人口	868 万人 (2017 年 5 月 イスラエル中央統計局)
面積	2 万 2072km²（日本の四国程度）
首都	エルサレム
名目 GDP（国内総生産）	2961 億米ドル（2015 年、外務省）
一人当たり GDP（名目ドル）	3 万 5343 米ドル（2015 年、外務省）
民族	ユダヤ人（約 75%）、アラブ人その他（約 25%）（2016 年 9 月イスラエル中央統計局）
言語	ヘブライ語、アラビア語
宗教	ユダヤ教（75%）、イスラム教（17.5%）、キリスト教（2%）、ドルーズ（1.6%）（2014 年イスラエル中央統計局）

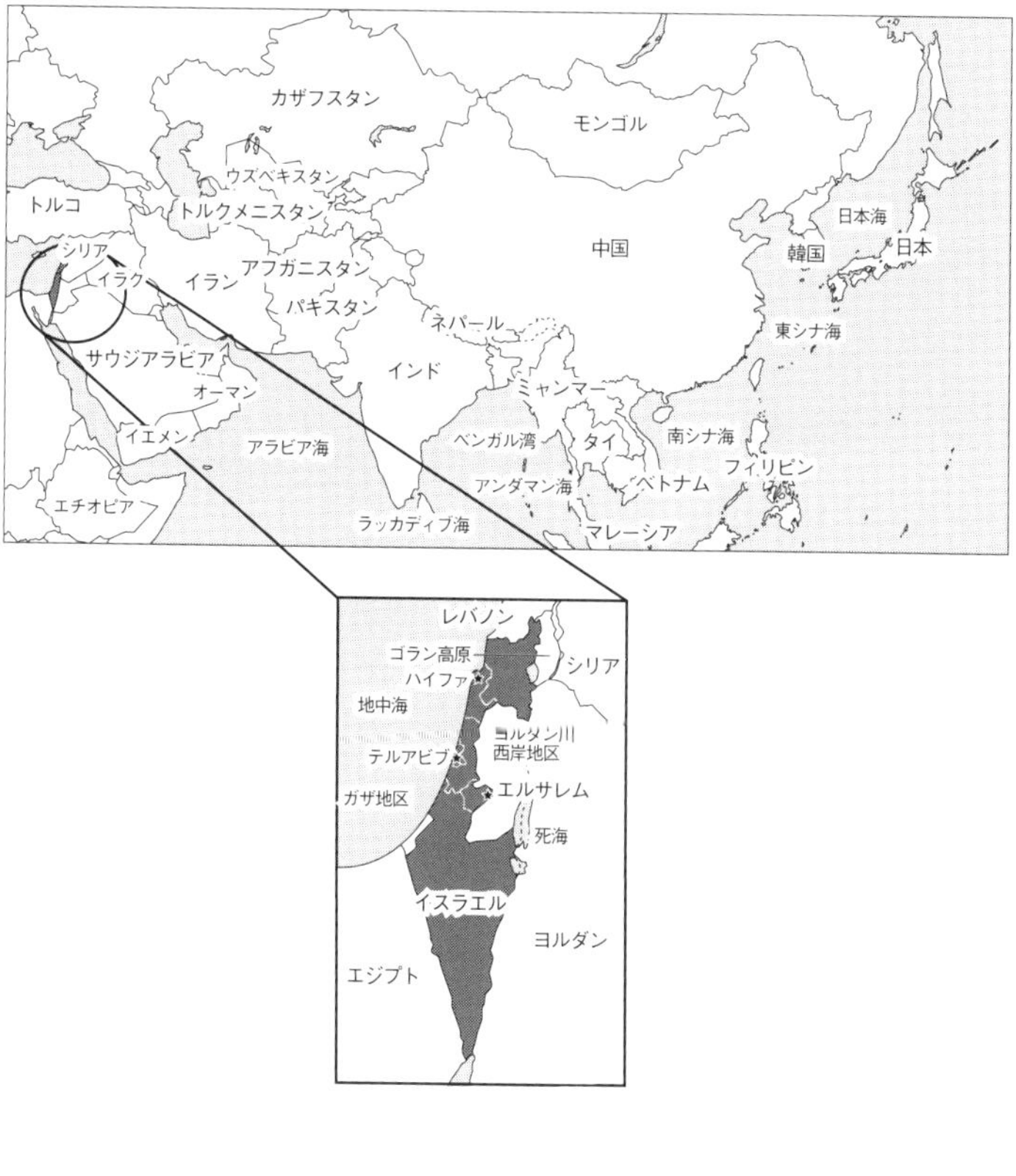

エル製だったといわれています。

いわば、中国が世界の工場だとしたら、**イスラエルは世界の技術研究開発センター**だといえるかもしれません。

2018年6月、視察団をつくり34人でイスラエルに赴き、**フィリップス**の最先端の研究開発センターなどを実際に見てきました。フィリップスは、ヨーロッパを代表する電機メーカーで、古くは松下電器産業（現パナソニック）と提携したり、CDをソニーと合作したりしましたが、現在はデジタル医療機器メーカーに変貌しています。

こうしたイスラエルのグローバル・エコシステムの循環の中に、日本企業も入るべきだというのが私の考えで、視察も、もちろん、そのためのものでした。

竹中平蔵さんや一橋大学、早稲田大学などアカデミズムの人たち、日本経済新聞社などで、参加した人の多くは企業人でした。業種としては、金融、流通、製造業、電力、自治体など、じつに多岐にわたっていました。

アメリカと関係の深い金融ネットワーク
――日本とは桁違いの投資額

イスラエルは、人口わずか860万超の国でありながら、2015年のベンチャー投資額は世界第5位の26億ドルでした。先述の通り、日本は8億ドルでしたから、3分の1以下です。

ベンチャーキャピタルの組成額でも、イスラエルが約5000億円なのに対して、日本は何とか2000億円。日本で起業すると1社当たりベンチャーキャピタルから集められる平均額は約8000万円です。

アメリカは1社当たり平均約10億円を集めることができる計算で、イスラエルも1社当たり平均約10億円を集めることができます。**日本の起業とアメリカやイスラエルの起業では、スケールが2桁も違う**のです。

こうした投資により、イスラエルは、マイクロエレクトロニクス、航空宇宙、ナノテクノロジー、防衛・軍事、医療機器、生命科学、化学、薬品、バイオ、農業科学、水科学（水の淡水化など）、再生可能エネルギーなどのハイテク分野で、世界トップクラスの技術をもっています。

これだけのベンチャー投資をイスラエルが呼び込めるのは、アメリカとの関係が非常に強いからです。

ユダヤ人のコミュニティは、イスラエルとアメリカでほとんど成り立っているといえるほどで、ユダヤ社会にとっては、イスラエルとアメリカは、一蓮托生《たくしょう》なのでしょう。ゴールドマンサックスやメリルリンチなどの大手金融機関にもユダヤ人は多いですし、アメリカのベンチャーキャピタルに勤めるユダヤ人も少なくありません。

おそらく、私たち日本人にはうかがい知れないユダヤ社会の仕組みがあり、そうした仕組みを通じて、イスラエルへ多額の投資がなされているのかもしれません。

実際、アメリカのベンチャーキャピタルが、イスラエルに多額の投資を行なっています。

ちなみに、**テルアビブ証券取引所に上場すると、続いてナスダックにも上場する企業が**

多いことは、日本人にはあまり知られていないのではないでしょうか。

日本企業がナスダックに上場するのは意外に大変で、上場しているのはキリンホールディングスや日産自動車、任天堂など大企業ばかりで、スタートアップではインターネットイニシアティブぐらいで、ソフトバンクも、楽天も上場していません。

テルアビブ証券取引所に上場するイスラエル企業の約4分の1が、ナスダックに同時上場しています。

私も現在、インターネット総合研究所のテルアビブ証券取引所への上場をめざすとともに、ナスダックへの上場もねらっています。

日本を変えるヒントはイスラエルにあり
――デジタルトランスフォーメーションを絶好の機会と捉えよ

アメリカや中国は、日本と比べて人口が多い国であり、人口差が大きいために、「アメリカや中国には経済力で勝てない」とあきらめている日本人が多いのではないでしょうか。でも、そうではないのです。
たしかに、GDPの総量で勝負すれば、人口の多いアメリカや中国に今後も勝てる見込みはありません。しかし、**一人当たりのパフォーマンスを表す「一人当たりGDP」なら、日本は十分に勝てる**はずです。

アメリカ、中国、日本そしてイスラエルの2017年の一人当たりGDP（190カ国中順位）を見てみましょう。

アメリカ　5万9501ドル（8位）
中国　8643ドル（74位）
日本　3万8439ドル（25位）
イスラエル　4万258ドル（22位）

中国は人口が13億人もいるため、一人当たりGDPは8643ドルに過ぎません。
アメリカの一人当たりGDPは6万ドル近くになり、日本は大きく水をあけられました。

日本は、「失われた20年」を過ごしてしまい、その間に、アメリカに抜かれ、また、イスラエルにも一人当たりGDPで抜かれてしまったのです。

それがなぜかといえば、繰り返しになりますが、**この20年間、日本のインターネット化、IT化、デジタル化が中途半端だったから**です。

アメリカは、インターネットを生んだ国ですから、インターネット化、IT化、デジタル化を最初に行なえる特権があったのは事実ですが、イスラエルはそうではありませんでした。

北欧諸国などを見ても、人口が少なくてもデジタル化を早期に進めて経済発展している国は多々あります。

産業をデジタル化するデジタルトランスフォーメーションを絶好の機会と捉え、一人当たりGDPの過去最高をめざして、いまこそ日本も大きく変わるべきときなのではないでしょうか。

日本も、イスラエルも、天然資源に乏しい国で、この点もアメリカや中国とは違います。

日本やイスラエルにとって最大の投資対象は「人」であり、人が創造する「技術」なのです。

科学技術立国を進めるイスラエルは、人と技術に投資することで、研究開発投資（対GDP比）、科学者・技術者の割合（人口比）、人口一人当たり大学学位数、学術論文出版数で、世界トップに立っています。

また、ダボス会議で有名な世界経済フォーラム（WEF）の世界競争力報告で、イスラエルは、「科学者とエンジニアの供給」で世界1位、「技術の成熟度」で3位、「研究機関のクオリティー」で4位にランクされました。[※4]

日本が変わるためのヒントが、少なからずイスラエルにあるのではないかと考えるのは、私だけではないでしょう。

イスラエルが得意なのは「ゼロイチ」
——会社の売却はサクセスストーリーの一つ

イスラエルは世界の技術研究開発センターだと述べましたが、裏を返せば、最終製品化や販売は、欧米企業が担っているということです。製品化し販売しているのは、インテルであり、フィリップスです。

これも、イスラエルのグローバル・エコシステムが、シリコンバレーや深圳と違う点で、だからこそ、**日本企業も入っていける**と考えています。

どういうことかというと、イスラエルが得意としているのは、「発明力」とも言い換えられる「**ゼロイチ**」であり、1から10まで順に行なって最終製品をつくりあげるのは、あまり得意としていません。

だから起業しても、「**シリアルアントルプレナー（連続起業家）**」といって、連続的に会社をつくっては売っていく人が多数で、私たちのベンチャーキャピタルが投資したある企業の経営者は、じつに13回目の会社売却でした。それがまた、英雄のサクセスストーリーなわけです。

日本で会社を売却したら、「途中で投げ出したのか」とか、「自分の大事な会社を売っちゃったの？」などとネガティブに捉えられますが、イスラエルではまったく逆に、ポジティブなことなのです。

私が大学を卒業後に入社したＩＢＭを３カ月半で辞めたとき、父親から「履歴書に傷が付く」といってえらく怒られましたが、そうした考え方はいまだに日本に染みついているのではないでしょうか。

その後、アメリカに行くと、「ＩＢＭのような大企業を３カ月半で辞めるなんて偉い」などといわれて、アメリカ人におもしろがられました。

ユダヤ人は、企業に永住しようなどとはまったく考えておらず、組織というのは自分のためにあるものであって、自分のためにならない組織なら変わればいいと考えています。

そして、自分のためになる組織がなかったら、自分でつくればいいという考えなのです。

イスラエルにとってのスタンフォード大学、香港科技大学に相当する**テクニオン**（イス

図表15　科学技術大国イスラエルを特徴づける8つのこと

① **ハイテク分野で世界の最先端を走る国。**通信、情報技術、マイクロエレクトロニクス、航空宇宙、ナノテクノロジー、防衛・軍事、医療機器、生命科学、化学、薬品、バイオ、農業科学、水科学（水の淡水化など）、再生可能エネルギーなどの分野で、世界トップクラスの技術

② 非常に優秀で勤勉、教育・研究熱心な国民性

③ **政府主導の科学技術開発**の促進政策が充実

④ 研究開発投資（対GDP比）、科学者・技術者の割合（人口比）、人口1人当たりの大学学位数、学術論文出版数は世界トップ

⑤ **教育・研究機関の質も世界トップクラス**

⑥ ワイツマン科学研究所（自然科学の大学院大学）は技術移転によって得る収入の額で世界第3位

⑦ **テクニオン（イスラエル工科大学）は、ノーベル賞受賞者を含む**多くの優秀な技術者を輩出する世界トップクラスの工科大学としてランクされる

⑧ WEF世界競争力報告では、イスラエルは「科学者とエンジニアの供給」で世界1位、「技術の成熟度」で3位、「研究機関のクオリティー」で4位にランク

ラエル工科大学）の卒業生の約4分の3は、起業家志望です。東京大学など日本の一流大学の工学部の卒業生は、比率が逆で、1万人以上従業員がいる大企業か、官公庁などに行く人が大多数ではないでしょうか。

ただ、テクニオンの卒業生でも、実際に起業できるのは4分の1ほどで、なかなか起業家にはなれません。では、多くの卒業生はどうするかというと、インテルやグーグル、マイクロソフト、フィリップス、シーメンスなど、アメリカやヨーロッパの先端企業の研究開発部門に就職します。

アメリカやヨーロッパの先端企業としても、優秀なユダヤ人を研究開発機関に囲い込みたいがために、イスラエルに技術研究開発センターをつくっています。だから彼らは、高給で雇われており、成績優秀者は、完全に売り手市場です。

ビル・ゲイツは、イスラエルの研究が最もマイクロソフトに役に立っているといいましたが、多くの先端企業の経営者も同じように思っているのではないでしょうか。

日本の「実装力」で発明力を活かす
――イスラエルの「ゼロイチ」との役割分担

イスラエルが、発明力ともいえるゼロイチが得意なのに対して、日本はゼロイチをあまり得意とせず、どちらかといえば、1から10まで綿密につくりあげる**「実装力」**に優れています。それはやはり、日本は実装する人が評価されるからでしょう。

日本では、「突飛なアイデアを思いついても金にはならない」とか、「すぐに売れて利益が出る研究開発をしろ」といった言い方をします。これでは、ゼロイチはできません。

逆にイスラエルは、ゼロイチが得意で、ゼロイチに特化したエコシステムをつくりあげています。**日本企業も、このエコシステムに積極的に入っていって、現在、欧米の先端企業が行なっている最終製品化や販売を担えばいい**のです。もちろん、欧米との何らかの違いを生み出すことは必要ですが、イスラエルのゼロイチの発明力を活かすために、日本が得意な1から10の実装力を活用するという役割分担は、イスラエルと日本の双方にとってメリットの多い話なのではないでしょうか。

そこで、イスラエルと日本には、どのような具体的な役割分担がありうるかを考えたいのですが、その前に、なぜイスラエル、つまりユダヤ人は、ゼロイチが得意なのかを確認しておきたいと思います。

「なぜ」を重視した考えさせる教育

――講義中に質問するイスラエルの学生

私がイスラエルと本格的な接点をもったのは、2016年6月に、テクニオンに講義に呼ばれたのが最初でした。このテクニオンでの講義で、驚かされたことがあります。

私は、日本でも東京工業大学をはじめ、多くの大学で講義をしてきましたし、アメリカや中国の大学でも数々の講義をした経験があります。

これらの経験からいうと、日本の学生は講義を静かに熱心に聴きますが、まず積極的に質問をしません。アメリカや中国の学生は、講義を熱心に聴くだけでなく、講義後の質問時間に積極的に手を挙げて質問をします。

ところが、イスラエルの学生は、講義をしている最中に、私の話をさえぎって質問をしてくるのです。こんな経験は初めてだったため、非常に驚かされました。

こうした遠慮せずに質問する学生の姿勢を培っているのは、家庭環境、家庭教育です。英語で教育ママのことを「ジューイッシュ・マザー（jewish mother）」といいますが、それはユダヤ人のお母さんが非常に教育熱心だからです。

教育ママなら日本も負けていないと思うかもしれませんが、日本の教育ママが小学校の低学年のときから子どもを進学塾に入れ、偏差値の高い学校をめざすのに対して、ユダヤ人の教育ママは、**「それはなぜ?」「なぜだか考えてごらん」といって子どもの考える力を養う教育を行なっている**ように思えます。

「なぜ」「なぜ」と自分で考えなさい。考えてわからないときは誰かに聞きなさい。納得できるまで聞きなさい。こういう教育を受けているから、授業の途中であっても質問をしてくるのでしょう。

そして、日本人は算数などのように答えが一つ決まっている問題を解くのは得意ですが、自ら考えて答えを見つけ出したり、ときには答えを創り出していくような、答えの決まっていない問題、答えが複数考えられるような問題は苦手です。

一方、「なぜ」「なぜ」と考え続ける教育を受けてきたユダヤ人は、自分なりの答えを見つけ出したり、創り出したりする問題のほうが得意なのです。だから、ゼロイチも得意だし、**研究レベルでもフィールズ賞**[※5]**やノーベル賞の受賞者数がダントツの世界1位**なのでしょう。


日本も、先行者の真似をしてキャッチアップする時代はとうに終わっています。イスラエルを見習って、問題の解き方――Ｈｏｗを学ぶのではなく、Ｗｈｙで自ら考え、答えのまだない問題を解くための教育が必要なのではないでしょうか。

世界に貢献するためには、真似するのではなく、真似される側になる必要があります。そして、真似されたら、また先に進んで、新たなことを始めればいいのです。これからのビジネスに求められているのは、クリエイティビティなのですから。

中国企業でも「協業」まではいっていない
——人的交流が盛んなのは欧米企業

話をビジネスの世界に戻すと、イスラエルのグローバル・エコシステムに入りたいと思っているのは日本だけではありません。中国やインドも動いています。

イスラエル発の最先端技術を使い、最終製品化して販売する「産業化」は、現在は欧米企業が担っています。中国やインドの企業が、この欧米企業に取って代わろうとしても、これまで欧米企業のキャッチアップしかしてきていませんから、独自に産業化できるかというとなかなか難しいのです。

それでも、中国企業は毎週のようにイスラエルを訪れるそうですが、イスラエルの人にいわせると、**中国企業からの投資は多いが、投資の域を出ていないことが多い**そうです。

欧米をキャッチアップした製品を中国市場に投下することでビジネスを行なってきた中国企業と、まだどのような製品になるかもわからないイスラエルの最先端技術が直結することは、私が見る限り、いまのところ難しいように思えます。

中国やインドの企業は、イスラエルの最先端技術を自分たちで商用化して産業化するところまでは、まだ到達できていないのではないでしょうか。その意味でも、日本企業はいまがチャンスなのです。


これまで欧米企業とひとくくりに述べてきましたが、じつは、イスラエルに進出しているアメリカ企業はＩＴ分野の企業が多いのに対し、ヨーロッパ企業は、医療機器の**フィリップス**や、電力や交通・運輸に強い**シーメンス**、重工業の**ＡＢＢ（アセア・ブラウン・ボベリ）**などＩＴ以外の分野が多いのが特徴です。

こうした欧米企業がイスラエルに技術研究開発センターをつくってユダヤ人を雇い入れ、共同で研究開発を行なう一方、欧米の大学や企業にユダヤ人が行くことも当然多々あります。

ドイツの大学などには、ユダヤ人の教授が何人もいるのが普通で、欧米とイスラエルの人的交流は、非常に盛んです。この辺りも、日本は見習う必要があるでしょう。

デンソーは自動運転で共同研究へ
――モービルアイと同等の企業は200社以上

日本企業でイスラエルに本格的な技術研究開発センターをつくったところは、私の知る限りでは、まだありません。

イスラエルに進出している企業としては、**デンソー**があります（2018年4月より）。デンソーは、私たちのベンチャーキャピタルへ出資してくれることになり、イスラエルで共通の場所に出先機関をつくろうということで進めています。

イスラエルは、自動運転技術でも世界トップクラスで、世界中の自動車会社の大半が採用しているのは、じつはイスラエルの技術なのです。

なかでも、レーダーとセンサー技術と画像認識技術の2つがとくに優れています。

自動車にはレーダーとセンサーが多数装備されており、いろいろな周波数を使ったレーダーとセンサーで計測することで自動運転の安全性を高めることができます。

第2章でV2Xについて述べましたが、これもイスラエルが世界をリードする技術です。

もう一つの画像認識技術は、撮影した写真からオブジェクトを分離する技術で、人なのか、車なのか、自転車なのかなどを瞬時に判別できます。

インテルが約150億ドル（約1兆7000億円）で買収した**モービルアイ**もまたイスラエルの企業で、日米欧の自動車会社の多くがモービルアイの技術を採用しています。

そして、私が調べただけでも、イスラエルにはあらゆる分野でモービルアイと類似の分野で高い技術開発力をもっている企業が、200社程度あります。

デンソーは、こうしたイスラエルの技術と企業に興味があり、できれば共同研究開発を行ないたいと考えているようです。

サイバーセキュリティは数学力で決まる

――なぜ、「日米英＋イスラエル」なのか

サイバーセキュリティ[※6]も、イスラエル企業が非常に強い分野です。

サイバーセキュリティでは、暗号化や暗号解読が重要になりますが、暗号理論の基礎は数学の代数幾何学という非常に難解な分野で、この分野もユダヤ人が得意で研究者が大勢います。

代数幾何学は、日本人も健闘している分野で、日本人のフィールズ賞受賞者、小平邦彦さん、広中平祐《へいすけ》さん、森重文さんは、3名とも代数幾何学が専門です。

また、サイバーセキュリティというのは、じつは裾野が広く、インターネット上での情報のやりとりだけではなく、**「クリティカル・フィジカル・システム(Critical Physical System)」**[※7]といって、発電所や化学工場、鉄道、空港の管制センターなどの社会インフラのサイバーセキュリティも非常に重要です。

発電所がサイバーアタックを受けて、誤作動し、事故を起こしたら人変なことになりますし、化学工場や鉄道、空港なども同様です。こうした社会インフラのサイバーセキュリティ分野についても、イスラエルはとても研究熱心で、かつ世界最先端の技術力があります。

日本は、情報工学の人が、サイバーセキュリティの研究を多少やっているぐらいで、重電系の電力会社や鉄道会社の人などはノータッチの状態。だからこそ、イスラエル企業と組む可能性を模索すべきなのではないでしょうか。

日本でも、サイバーセキュリティの重要性が叫ばれ、産学連携で国際ネットワークをつくろうという動きがありました。

日本は、慶應義塾大学が中心となり、東京大学、東京電機大学など、アメリカは、スタンフォード大学やＭＩＴなど、イギリスからはケンブリッジ大学やオックスフォード大学、インペリアル・カレッジ・ロンドンなどが参加し、日米英の**サイバーセキュリティ研究連合**を２０１６年につくりました。

そこで、アメリカとイギリスから「イスラエルを参加させよう」という意見が出たため、私が仲介して、イスラエルのテクニオンおよびベングリオン大学、テルアビブ大学が２０１８年から参加することになりました。

アカデミックな国際サイバーセキュリティ研究連合なのですが、なぜ、「日米英＋イスラエル」なのか、わかるでしょうか。

背景には、**ナショナルセキュリティ――国防**が関係しています。サイバーセキュリティとナショナルセキュリティは、重複度が高く、非常に密接な関係にあるため、アメリカと軍事的な結びつきの強い国々が連携して行なうということで、国防の視点で結びつきの強いこの4国の組み合わせなのです。また、アジアの「仲間づくり」でインドネシアも加わることになりました。

食料や水も科学技術で獲得
——下水のリサイクル率は世界1位

イスラエルの技術が高い分野に、創薬や医療機器といった**ライフサイエンス**[※8]もあります。

アルツハイマーを治す薬の研究開発や、胃カメラをカプセルにして、カプセルを飲むと胃の内部が撮影できるといった医療機器の研究開発が進んでいます。

糖尿病の人は、いまは注射でインシュリンを摂取していますが、胃では消化できないけれども腸では消化できる**インシュリンカプセル**があれば、それを飲むだけでインシュリンを摂取することができます。こうしたカプセルを開発し販売しているベンチャー企業もあります。このベンチャー企業は、テクニオン発のベンチャーです。

また、**農業技術——アグリテック**[※9]もイスラエルは高いレベルにあります。

イスラエルは、周囲を敵対するアラブの国々に囲まれているため、食料自給率を高める必要があり、アグリテックの研究開発にも力を入れてきました。その結果、現在の食料自給率は90％を超えます。

イスラエルの国土の60％は荒野で、多くの土地は非常にやせており、あまり農業には向かないのですが、こうしたやせた土地でも農作物を生産できるアグリテックの研究開発が行なわれています。日本でもおなじみのミニトマトは、イスラエル生まれです。

イスラエルは、5～10月の乾季には雨がほとんど降りません。このため、その必要性の高さから、海水を淡水化するなど、水に関する科学技術の研究開発にも取り組んできました。

現在、イスラエルで使用されている水の約70％は、海水を淡水化した水です。

そして、一度使った水を再び使えるようにする水再生技術の研究開発も進んでおり、下水のリサイクル率は約83％と、世界1位です。

「石油よりも水のほうが高い」などといわれるほど、水不足に悩んでいる国や地域は世界中にあります。低コストで海水を淡水化できたり、下水を再生できる装置があるなら、設置を望む国は多数あることでしょう。

実際、中国は、イスラエルの技術を導入し、年々淡水化のコストを下げているといわれています。

日本とイスラエルを循環するエコシステムの構築を
——技術研究開発↓製品化・販売↓技術研究開発……

これら以外にも、あらゆる科学技術分野で研究開発を進めるイスラエル。そうしたイスラエル企業と日本企業は、どのように連携していけばいいのでしょうか。

私が最も大事だと考えるのは、**エコシステムをつくること**です。

イスラエルは、欧米企業とグローバル・エコシステムをつくっていますが、日本企業とはまだエコシステムができていません。経済が成長していないとはいえ、日本市場は世界でも中国、アメリカ、ヨーロッパに次ぐ大きな市場ですし、中国を含めた東アジア市場として考えれば、間違いなく世界一です。

イスラエルの最先端技術を使った最終製品をつくり販売する、東アジア市場を見据えた産業化プランを提示できれば、多くのイスラエル企業が興味を示すことでしょう。

単なる技術研究開発の協力というレベルから一歩踏み込み、共同研究開発を行なうとともに、その技術を最終製品化し販売する日本企業ができれば、必要性が高く魅力的な製品が続々と生まれてくるはずです。

そして、販売して得た利益は、またイスラエルの技術研究開発に投資する。「技術研究開発→製品化・販売→技術研究開発→製品化・販売」というイスラエルと日本を循環するエコシステムをつくることを日本企業はめざすべきではないでしょうか。

間違っても、イスラエルの技術を盗みに行くといった、あざとい考えや姿勢で、イスラエル企業に接してはいけません。そうした考えや姿勢は、放浪の民として世界を渡り歩いてきたユダヤ人には、すぐに見抜かれてしまい、二度と友好的な関係性が築けなくなってしまうからです。

ゼロイチの発明力に長けたイスラエル企業と、1から10の実装力に長けた日本企業とい

う組み合わせは補完的であり、ウインウインの関係を築きやすいはずです。

イスラエル企業と協力する、イスラエル企業の技術を買いに行く、イスラエルと貿易するといったこれまでの発想から、一緒にエコシステムをつくるパートナーとなるという発想への転換ができれば、どういった分野であっても、自ずと成功への道がひらけると私は確信しています。私自身、これからイスラエル企業と日本企業の橋渡し役を担い、イスラエルと日本を循環するエコシステムづくりに少しでも貢献したいと考えています。


第4次産業革命、デジタルトランスフォーメーション革命を起こすのは、テクノロジーの進化であり、深化です。そのスピードは、年々、加速しています。

こうしたスピードに乗り遅れないためにも、イスラエルの学術研究機関・企業の技術研究開発力を活用し、その技術を使った最終製品化と販売を日本企業が担うエコシステムこそが、日本のゴールである **Society5.0**[※10] を実現するうえで非常に有効なのではないでしょうか。

それが日本経済の成長を確かにし、ひいては世界の経済成長や人びとの生活向上や幸福につながると私は考えています。一緒に日本を創生し、世界を引っ張っていきましょう。

〈第5章注釈〉

※1　エコシステム（ecosystem）　生態系。ビジネスの分野では、特定の業界全体の収益構造を表す単語。一つの企業ではなく、業界全体が収益を上げていくビジネスモデルを生物学の生態系にたとえた言葉。

※2　ベンチャーキャピタル（venture capital、ＶＣ）　ハイリターンをねらったアグレッシブな投資を行なう投資会社（投資ファンド）。

※3　エンジェル投資家　起業したばかりの企業に対し、資金を供給する富裕な個人投資家。投資の見返りとして株式や転換社債を受け取ることが一般的。

※4　世界経済フォーラム（World Economic Forum、ＷＥＦ）　経済、政治、学究、その他の社会におけるリーダーたちが連携することにより、世界・地域・産業の課題を形成し、世界情勢の改善に取り組む、独立した国際機関。本部をスイス・ジェネーブに置き、毎年１月に世界を代表する企業家や各国の政治家、学者などを招いた年次総会（通称ダボス会議）を開催する。

※5　フィールズ賞（Fields Medal）　若い数学者のすぐれた業績を顕彰し、その後の研究を励ますことを目的に、カナダ人数学者ジョン・チャールズ・フィールズの提唱によって１９３６年につくられた国際数学者会議（ＩＣＭ）による賞。数学のノーベル賞とも。

※6　サイバーセキュリティ（cyber security）　サイバー攻撃に対する防御行為。コンピュータへの不正侵入、データの改竄《かいざん》や破壊、情報漏洩、コンピュータウイルスの感染などがなされないよう、コンピュータやコンピュータネットワークの安全を確保すること。

※7　クリティカル・フィジカル・システム（Critical Physical System）　実世界（フィジカル空間）にある多様なデータをセンサーネットワーク等で収集し、サイバー空間で大規模データ処理技術等を駆使して分析化を行ない、そこで創出した情報によって、産業の活性化や社会問題の解決を図っていくもの。「サイバー・フィジカル・システム」と同義。

※8　ライフサイエンス（life science）　生命科学。生物体と生命現象を取り扱い、生物学・生化学・医学・心理学・生態学のほか社会科学なども含めて総合的に研究する学問。

※9　アグリテック（Agritech）　農業（Agriculture）と技術（Technology）を組み合わせた造語。ＡＩやＩＣＴ、ロボティクスを応用して、農作物や酪農における生産効率と安定供給をめざす。

※10　Society5.0　サイバー空間（仮想空間）とフィジカル空間（現実空間）を高度に融合させたシステムにより、経済発展と社会的課題の解決を両立する、人間中心の社会（Society）。狩猟社会、農耕社会、工業社会、情報社会に続く、新たな社会を指すもので、第５期科学技術基本計画においてわが国がめざすべき未来社会の姿として初めて提唱された。

あとがき

～デジタルトランスフォーメーションによる Society5.0 の実現へ～

本書の執筆を終えるにあたって強調しておきたいことは、これまで述べてきた「デジタルトランスフォーメーション（デジタル化）」は、手段であって目的ではないということです。すなわち、「産業のデジタル化」であって、「産業の破壊」とみなすのは間違いであるということです。

このことは、経団連会長の中西宏明氏を中心とする有識者議員によって議論され、総合科学技術会議としての結論から第5期科学技術基本計画（２０１６年1月）の柱となりました。それが、「デジタルトランスフォーメーション」のゴールとしての Society5.0 です。

この Society5.0 は、未来投資会議へと提案され「未来投資戦略２０１７」に盛り込まれることとなりました。まさに、「デジタルトランスフォーメーションによって社会課題を解決しよう」という明確なメッセージが発信されたのでした。

さて、「デジタルトランスフォーメーション」の時代とは、第3次産業革命で登場したインターネットを中心とするデジタルテクノロジーとあらゆる産業が融合する第4次産業革命の時代です。

第3章でも触れましたが、AIによって多くの職業が消滅する時代でもあります。このような従来とまったく異なる新しい時代は、「上司の評価ばかり気にする人」「忙しくて時間がないと問題解決から逃げる人」「不満ばかりで行動しない人」は生き残れない厳しい時代でもあります。

そこで「あとがき」に代えて、これからの時代で生き抜く人材を育てるために、日本の「教育」はどうあるべきかを最後に提示したいと思います。

多くの職業が人間から人工知能とロボットに代替されていく時代を目前にして、重要となってくるのが、3つの精神性です。精神性は、人間の固有のもので、機械に精神性を実装するテクノロジーは、まだ見つかっていません。

第1の精神性が、**「リーダーシップ」**です。優れたビジョンを掲げ、卓越したコミュニケーション能力で人びとを導いていく存在が求められています。それは、人間がロボットのリーダーに従って心が一つになることは当面ないと考えられるからです。

第2の精神性が、**「アントレプレナーシップ（起業家精神）」**です。機械が起業することは不可能です。そこで、最も重要な存在が「起業家」です。起業家には、交渉力、ビジネスセンス、問題解決能力が求められます。テクノロジーがどんなに進化しても、新しいプロダクトやビジネスを通じ社会を変えていく起業家は、今後もよりいっそう必要とされることになるでしょう。大組織の中でも起業家精神が重要です。

第3の精神性が、**「クリエイティビティ（創造性）」**です。リーダーと起業家のスキル教育が急務です。しかしながら、現在の日本国内においてそれらを教えている教育機関は極めて少なく、ましてやそれらを入試に課している学校は皆無に近いと思われます。ＩＴの普及によって、単純作業は機械やコンピュータがこなすようになり、人間は機械のできない「人間的な仕事」を担当するようになったとされています。

しかし、日本の教育システムは、この時代の変化の本質を捉えておらず、旧態依然としているのが現状です。いまだに、学校教育では、暗記、計算、正確な綴りなど、「機械の得意分野」ばかりで、成績優秀者も、暗記、計算、単純作業などの機械的なスキルが身に付いているだけです。学校では、答えがあることしか教えていないように思えます。

現状の教育で、じつはもっと重視すべきなのは、「夏休みの自由研究」や音楽や美術、図画工作など感性に基づく「アート」の分野であると考えられます。私は、アートは、プロの芸術家の才能発掘とともに、「クリエイティビティ」によるあらゆる産業分野での「アーティスト」の存在が重要であると考えています。

このように、「リーダーシップ」「アントレプレナーシップ」「クリエイティビティ」の3要素を基本として、日本の教育システムの転換を行なう必要があります。

そして、この新時代を生き抜くには、「リーダーシップ」「アントレプレナーシップ」「クリエイティビティ」の3つの精神性を基本に、自らが、ＩｏＴ、ビッグデータ、ＡＩの最新テクノロジーによって産業のデジタル化の推進主体になろうとする能動的姿勢が必要です。


読者の皆さんには、コミュニケーション能力、表現力、判断力、チームワーク力、忍耐力、柔軟な対応力を磨き、積極性と責任感をもって、組織を動かしてほしいと思います。

そして、何よりも、ＡＩに負けずにＡＩをデザインし、オンリーワンの人材となるために、自分の人生を自分でデザインしてほしいと思います。

最後になりましたが、本書を担当いただいた、ＰＨＰ研究所の大隅元氏、坂田博史氏にはたいへんお世話になりました。また、いつも支えてくれているインターネット総合研究所、ブロードバンドタワーグループのメンバーにはいっそうの感謝の気持ちを伝えたいと思います。

〈著者略歴〉
藤原　洋（ふじわら・ひろし）
株式会社ブロードバンドタワー代表取締役会長兼社長CEO
株式会社インターネット総合研究所代表取締役所長
一般財団法人インターネット協会理事長・IoT推進委員長
一般社団法人データサイエンティスト協会理事

1954年、福岡県生まれ。77年、京都大学理学部（宇宙物理学専攻）卒業。東京大学博士（電子情報工学）。

日本アイ・ビー・エム、日立エンジニアリング、アスキー、ベル通信研究所などでコンピュータ・ネットワークの研究開発、国際標準化作業で活躍後、96年に株式会社インターネット総合研究所を設立。同社代表取締役所長に就任。グループ企業として株式会社ブロードバンドタワーなどを上場。2016年、テクニオン（イスラエル工科大学）に、研究センター「Hiroshi Fujiwara Cyber Security Research Center」を開設。

現在、総務省新事業創出戦略委員会および研究開発戦略委員会合同ワーキンググループ基本戦略ボード構成員、電波政策2020懇談会構成員、情報通信審議会新世代モバイル通信システム委員会構成員、一般財団法人リモートセンシング技術センター理事、一般財団法人宇宙科学研究イニシアティブ代表理事、SBI大学院大学副学長・教授、慶應義塾大学環境情報学部特別招聘教授（環境エネルギー情報論）、京都大学宇宙総合学研究ユニット特任教授など。


【著書】

『ネットワークの覇者』（日刊工業新聞社）、『科学技術と企業家の精神』（岩波書店）、『第４の産業革命』（朝日新聞出版）、『技術を創る』（共著、日経BP社）、『日本はなぜ負けるのか　インターネットが創り出す21世紀の経済力学』（インプレスR&D）など多数。

全産業「デジタル化」時代の
日本創生戦略

2018年9月4日　第1版第1刷発行

著　者　藤原　洋
発行者　後藤淳一
発行所　株式会社ＰＨＰ研究所
東京本部　〒135-8137　江東区豊洲5-6-52
第二制作部ビジネス課　☎03-3520-9619（編集）
普及部　☎03-3520-9630（販売）
京都本部　〒601-8411　京都市南区西九条北ノ内町11
PHP INTERFACE　https://www.php.co.jp/
組　版　朝日メディアインターナショナル株式会社
印刷所　株式会社精興社
製本所　東京美術紙工協業組合

ISBN978-4-569-84120-5